Ein geschüttelt' Maß

Gottfried Pixner

EIN GESCHÜTTELT' MAß

HUNDERT
SCHÜTTELREIMGEDICHTE
vom Wortbaum geschütttelt

Bibliografische Information der Deutschen Nationalbibliothek:
Die Deutsche Nationalbibliothek verzeichnet diese Publikation
in der Deutschen Nationalbibliografie; detaillierte bibliografische
Daten sind im Internet über http://dnb.d-nb.de abrufbar.

Buchdeckelgrafik:
Linolschnitt: »Kulisse« von Rosa Pohnert-Resch
(1886, Bregenz – 1978, Wien)

Satz, Umschlaggestaltung, Herstellung und Verlag:
Books on Demand GmbH, Norderstedt

ISBN: 978-3-8448-7154-8

Inhaltsverzeichnis

Vorwort

Wieder einmal ist der Autor des vor Ihnen dräuenden Schüttelreimgedichtbandes meineidig geworden (ein-maidig ist er ja schon lange: Sonst gäb's für ihn ja per Rüttelschübe auch gleich eines über die Schüttel-Rübe!) und tritt an das hochgeschätzte und exklusive (da im Umfang wohl dünn gesäte) Publikum mit einem Gelege von 100 neuen Schüttelreimgedichten heran.

Wie im vorgehenden Band *Schüttelwelten* hat G.P. auch hier versucht, das bunte, krause Leben und eine vielschichtig-undurchschaubare Welt in Augenblicksaufnahmen zu porträtieren, was ja zweifellos ein Verfahren mit offenem Ende ist. (Eine neue Drohung? Sollte der Autor diesmal – zur Verhinderung weiteren Übels – sein lahmes Versprechen, keine weiteren Gedicht-Kaninchen aus seinem schüttelkranken Ganglienzylinder hervorzupraktizieren, notariell beglaubigen lassen? … Wohl umsonst, denn die bisherige Nichtbeachtung ähnlicher, hoffnungsspendender Versprechen offenbart ja schon die ganze, tief verwurzelte Tücke seines Charakters!) … Also dann! Auf ein Neues!

Worin, um endlich zur Sache zu kommen, unterscheidet sich der *neue* Band vom vorangegangenen? Diesmal werden Sie unter den Gedichten mehr gallige und schwarzhumorige als zuletzt in den *Schüttelwelten* finden, denn die Lebenserfahrung mehrt sich – und mit ihr wohl auch ein abgründigerer Blick. Trotzdem, und zur Beruhigung sei es vorweg verraten, zieht sich Humor und Skurrilität als Leitfaden auch durch die Texte dieses Buches – und nichts würde den nichtswürdigen Verfasser des Vorliegenden mehr freuen, als zu erfahren, dass Ihnen die Lektüre der neuen geschüttelten Gedicht-Hundertschaft Freude bereitet hätte.

Wie im vorausgehenden Band hat auch hier der Schüttelwerker sein Hauptaugenmerk auf das Inhaltliche der Gedichte gerichtet: Sie sollten auch ohne Fokussierung auf die Schüttelreime lesenswert bleiben; der Schüttelreim war sozusagen der Pflichtteil dieses Reimlaufes, und das Inhaltliche die Kür.

Leider gilt es, wo schon den Inhalt angesprochen wurde, einen *weiteren* Charakterdefekt des Zwangsschüttlers zu vermelden! Nicht genug, dass dieser über Jahrzehnte, die (einem, sie vor allem Bösen behütenden Elternhaus entwurzelten) Schüler und Studenten mit Organischer Chemie in Wort und Praxis plagte, fällt er, hinterhältig im Kapitel VI, mit eben diesem Tick über arglose Leser her, um ihre glücklich abgelegten Animositäten wider die Chemie und deren beamtete Propheten mutwillig aufzuwärmen. – Aber der Teufel schläft ja nie – und so wird er dereinst wohl G.P.s schwarzscheckige Seele in dessen geliebte Ha-zwei-es-o-vier tunken!

*

Zeit endlich, den im Schüttelreimen weniger vertrauten Leser(inne)n eine kurze Einführung in das (Un?)-Wesen des Schüttelreimens zu unterbreiten, welche ja schon klammheimlich begonnen wurde – mit jenen Wörtern zu Beginn des Vorwortes, in denen Einzelbuchstaben unterstrichen wurden; aus dieser Markierung ist ersichtlich, dass Schüttelreime durch den Tausch der (*betonten*) *Anfangsmitlaute* zweier Wörter (oder Silben) zustande kommen. Ein bislang strengst gehütetes Geheimnis aus der Schriftstellerei diene dazu, aufzuzeigen, dass ein Wechsel auch Konsonantengruppen betreffen kann:

> Ein Autor unter Tappen kleckst,
> so staunt!, den *eignen* Klappentext!

Ein unschönes Exempel rachsüchtiger Verbohrtheit belehrt uns, dass auch ein einzelner Mitlaut einer Konsonantengruppe sein Ränzel schnüren kann:

So werde ich die Eide <u>b</u>rechen
und meine Kumpel, <u>b</u>eide, rächen!

Auch ein *Vokaltausch* zwischen zwei Wörtern schenkt zusätzliche sprachspielerische Möglichkeiten: Es liegt dann zwar kein Schüttel*reim* vor, wohl aber ein *Schüttler.*

Von so genannten <u>*unreinen*</u> Schüttelreimen spricht man, wenn *phonetisch ähnliche* Mitlaute oder Vokale zum Austausch gelangen. Zu den gängigsten Möglichkeiten zählt bei den Mitlauten die Gleichbehandlung von b/p, d/t, g/k oder bei den Selbstlauten die Vertretbarkeit von ä/e/ö, ü/i/ie und ei/ai/eu.

Wo in den nachfolgenden Texten die Möglichkeit zur Schöpfung eines *reinen* Schüttelreimes bestand, kam ein solcher zum Zug. Da und dort wird sich (zum Schrecken *missionarisch* veranlagter Puristen – Sie erkennen sie am erigierten Zeigefinger!) auch darin (weil gerade »farbiger«) manch *unreiner* finden – doch gingen ja mit »unreinen« Reimpaaren schon (wenn auch um Stufen höher!) die Großen der Lyrik voran: Es wäre eine hübsche, lang<u>z</u>eitige (<u>z</u>an<u>kl</u>eidige?) Aufgabe für die unausgelasteten Reinheitsdogmatiker, dort zu »säubern«! Glück auf zu dieser Grubenarbeit! – Solche »unreinen« (Schüttel)-Reime entsprechen ja überdies der phonetischen Realität regionaler Umgangssprachen, denn die Standardsprache ist doch nichts anderes als die Übereinkunft einer gemeinsamen *Schrift*sprache – und wer wird bezweifeln, dass gerade unreine Reime (wie etwa bei Wilhelm Busch!) oft besondere Lust verbreiten! Zwei Beispiele **un**reiner Schüttelreime:

Aktion Planquadrat *Michael Kohlhaas*

Welch ein <u>D</u>üsterort! – Mit <u>Sch</u>and<u>p</u>ratzen
glaubt ihr, ist er <u>d</u>ort? bloß **b**randschatzen!

Hin und wieder kam im *Geschüttelt' Maß* auch ein <u>*Echoreim*</u> zu Ehren. Echoreime (auch Zwillingsreime) sind Reimpaare, die gleichlautend (rein) oder fast gleichlautend (**un**rein) enden. Im folgenden Sechszeiler, der wohl für Anästhesisten von ähnlich epochaler Bedeutung sein dürfte wie Till Eulenspiegels dringend unnötiger Tipp an die versammelte Schneiderschaft, werden sie beide Spielarten finden:

> Bei dem da hilft selbst der Ether nit,
> er hat 'nen Schädel wie Eternit.
> Na wart, ich pack's als Dr. me**d**.! an
> mit Dämpfen nun von Trichlormethan.
> Und spätestens dann, beim Halothan,
> hat er wohl sein letztes »Hallo« 'tan!

Wir befinden uns (nicht zuletzt aus humanitären und Platzgründen) am Ende des Vorwortes, und auf geht's zum Hauptmenü, einem (hoffentlich bekömmlichen) Eintopf aus mancherlei Ingredienzien!

I. Charaktere & Lebensweisen

Vater-Sohn-Dialog

S.: Hinter Büchern bleich in Stuben bücken
und entsagen schönsten Bubenstücken?
Nein, zu tausenden schon litten Wesen
grad an solch einem Levitenlesen!

V.: Draußen tobt die reinste Heidenmeute,
die grad solltest du mir meiden heute.
Säuft doch schon hier jener Torsten Bier
und benimmt sich wie ein Borstentier!

S.: Nein, Vater, Torstens Stil und seine Mache:
ein solches ist nicht wirklich meine Sache.
Ich werde mich vor jenen wohl hüten,
den Knaben, die mit Alkohol wüten. –
Doch Vater, du warst auch recht hemmungslose,
bevor dein Kleid des Alters »Lähmungshose«?!
Bei dir ganz heiß gar lagen die Frauen,
du tatest *nie* ja fragen die *Lauen*!

V.: Halt ein, es schwebt hier doch der *Mutter Geist*,
und die erscheint recht rasch, mein Guter, meist!
Wir wollen beide doch nicht zittern, wanken,
sollt' Muttern unter Wortgewittern zanken.
Geh hin halt, wenn sie dir, du Troll, winken:
Ein Gläschen darfst dort auf mein Wohl trinken!

Die Frage der Fragen!

A.: Ob's einer von den Greishaarigen weiß?
Ich frag' mal diesen weißhaarigen Greis,
der blickt zurück auf banges Leben
und meisterte manch langes Beben!
Bei ihm werd' ich mich trauen zu erfragen:
Wie schafft man es, die Frauen zu ertragen?
Wie kann man gut mit ihnen hienieden fristen,
ein Leben, wo doch alle im Frieden nisten,
wo Männer nicht nur unter Frust leiden,
mit Frauen teilend aller Lust Freuden?
So sag es doch, erfahren-weiser Herr,
mir, der ich dies zu fragen heiser wär':
Wie kann man Fraun verstehen, die gurren,
und uns dann lassen gehen, die Sturen;
sie locken gern uns mit kokettem Trick
und törnen an uns mit adrettem Kick!
Doch willst sie wieder kieken, die Zarten,
so wechseln gern die Zicken die Karten,
ist ihnen *neu* ein Herzensbube Star,
und deiner Wenigkeit die Stube bar.
Sag mir, an Frauen recht erfahren, ein Jäger
(und sicher warst du ja vor Jahren ein Feger,
mit Frauen gern verbandelt ohne Heulen,
die du auch wohl behandelt ohne Beulen):
Wie nur an Mädls im zarten Wollen schmiegen,
dass sie mit dir sich ohne Schmollen wiegen … ?

B.: Es bleibt dir unbenommen dieses Fragen,
doch wird es dir kaum frommen dieses »Nagen«.
Ich sag's dir, bin kein altes Semester, barsch:
Gealtert an solch Fragen, mein Bester! Marsch

und ab, sonst wird dich Hirnerweichung plagen –
wirst Grübeln du bis zur Erbleichung wagen!
Da rettet dir *kein* Kant-Wort die Lage:
Brächt' *Echo nur*, nicht Antwort, die Klage … !

Janusköpfiges

Dieser ist ein Mann, der wohl auf *Glück* nur reitet,
jener, lastgebeugt, stets wieder rück nur gleitet,
sich nach Tages Müh mit Krummrücken bettet,
sich vor Knüppeln oft nur im Bücken rettet,
dem da hin mit vollem Behagen klecksen
Tückisches gern (hörst ihn da klagen) Hexen!
Füllt' er nicht, dank Arbeit, seine Scheuer fein?
Die doch zierte dann ein roter Feuerschein!
Hört man nicht, die Welt sei eine Heitererde,
doch *ihm* reserviert sie nur die Eiterherde,
haften bleibt er auf des Daseins *miesen* Rängen,
während Geld man ja verjuxt in Riesenmengen –
und die oben, statt der großen Rügen,
Orden gar und auch noch Rosen kriegen …

… doch her tritt seine Frau mit Braten, gut gewürzt,
das hat ihm die vulkanverwandte Wut gekürzt!
Sie lässt ein Feuer in die Augen treten,
kann seine Laune ('s wird ihm taugen) retten.
Wird hoch er sie (»ist gar wie Gold«) heben –
was kann es Schönres (»wie ist 's hold!«) geben?!
Da werden manche, welche im »Glück reiten«,
auf dessen Skala ein Stück zurückgleiten!

Opium fürs Volk – Variante II

Es herrscht nicht nur bei Gunther meist
so manches – bloß kein Muntergeist!
Umsonst wirst auch den Fritze plagen,
und wegen Geistesblitze fragen.
Sein Grips ist voll Gerümpel diesig,
sein Denken ein Gedümpel riesig.
In seinem Kopfe herrscht ein Kleben,
und sein Gehirn zeigt fast kein Leben.
Wie ist rundum im Geist er müde –
schont diesen ja mit Meistergüte.
Im Stuhl ruht er als zähe Masse tief
und sendet aus als trübe Tasse Mief.

Der Gattin Blick zu ihm im Trotze glitt,
worauf sie eilig hin zur Glotze tritt,
und diese setzt sie schon in Gange bleich,
da fällt, was bei dem Fritze bange, gleich!
Schon wird er auf die Scheibe blicken:
Es ist wie Geist »zur Bleibe« schicken!
Jetzt darf auf einen Ball er schauen
und sich an Hast und Schall erbauen …
… als dribbeln der Zeit so geisteslose Diebe,
entfacht er rapid zu Bieres Dose Liebe,
die froh er eben, reichlich locker, hebt,
der dösend sonst auf seinem Hocker lebt …
Und *jetzt* nur lebt, scheint »meisterhaft«, der Gatte,
der ohne »Sport« nur geisterhaft, der Matte.

(Nicht jeder wird auf »Sportes« Beine schauen,
weil Leben, Sein, sie nur zum Scheine bauen!)

16

Selbstgewählte Drangsal

Die *Zwei* da (in den Kutten), die runde,
erreicht ('s ist wie Spießruten!) die Kunde:
O weh! – ganz *schnell* ein Paternoster,
fast *nackt* wie Eva naht der POSTER!
Zu spät ist's, weitere Schritte zu meiden,
weil s' auf Plakates Mitte zuschreiten.
Als sie – fast nackt – drauf die Frauencrew sehen,
hörst sie: die kleidet nur ein Dessous! krähen.
Wie kann man sich so locker (leider!) kleiden:
Wir werden (wo da fehlen Kleider!) leiden!
Und schaut, was zeigen uns an Haut die beiden –
sind fraulich ja und wohlgebaut die Heiden!
Verhüllt ist eine drauf, die runde, kaum
und schafft dem Ersten schlimmer Kunde Raum:
Wie sähen aus erst Frauen, unbedeckt, »netto«! –
ein Ahnen bös, das auch den andern neckt, detto,
und beiden abschnürt (wen schon freut's?!) die Kehle,
und da ersetzt wohl auch kein Kreuz die Fehle!
Es hilft kein Bibelwort (wohl allzu ältlich!)
bei Flucht vom Unheilsort, wohl allzu weltlich.
Wie sind dann ihres Klosters gut die Mauern,
wo betend dann mit neuem Mut die kauern.
Bloß *nichts* da übers Weibliche lesen,
denn Fraun (o Gott!) sind *leibliche* Wesen!

Wird keiner wohl die dort im Kloster beneiden,
wo's Frauen gar per Paternoster bekleiden.
Kein Laie rät auch: Siehst die Feschen, geh weiter –
ist bei Plakates Unterwäschen gefeiter!
– Kein *Mönch* sein, die des Liebesstaus Erben:
Dank *uns* wird diese Welt nicht aussterben!

Wider die Lebensvermieser

Auf die Narrenmütze weist er:
die vom dreisten Witzemeister!
Und der trinkt gerad' vom Spitzenwein
(wird er *dann* wohl was an Witzen spein?)
Leugnet wer, dass Wein ganz fabelhaft sei,
macht uns nicht denn solch ein Rebensaft high? –
bringt in Hirnes Hemmungen Leben
und wird weg die Lähmungen heben,
wird Verborgenes dann sichten im Schein,
heben, was an Tiefenschichten im Sein,
Lust im wilden Buhlen suchen,
freudvoll jedes Suhlen buchen … !

Sollte *jeder* nach dem OM streben?
Nein, dann fehlte Hirnen Strom eben!
Den Sektierern Hirnes Glätte neiden?
Nein, wir lassen uns ins »Nette« gleiten,
führen fröhlich ein recht lockres Leben,
wo auch gerne wir manch Leckres loben,
denn Askese gilt ja *uns* als Brache auch;
wir verströmen uns nach der Ache Brauch:
's gilt als *Einheit* Körper *und* den Geist meistern,
auch wenn Sekten wild dagegen meist »geistern«!

Bös mit »Gegengiften« Sekten schrecken:
ihren *Süßlich-Schriften*, Sekten-Gecken.
Trägt was müde den Postillenstempel –
taugt es nur für ihren stillen Tempel.
Willst gar *dort* nach Lebensfreuden gieren,
musst du *ohne* »Lust-Vergeuden« frieren,
denn du darfst dort bloß »im müden Tross« beten … !

– Würde gerne vor den Sektenboss treten,
unter seinen weihrauchlaschen Düften
seine allzu prallen Taschen lüften:
Hoch gilt *dem* nur das Gebot des Geldes
und das innige Gebet des Goldes!

Rollentausch

Ja, du sollst die Güte heben –
und in Bettlers Hüte geben,
dass ins Auge dem die Summe sticht,
ihm, der sonst nur übt die stumme Sicht.
Geld hat ja in petto er nicht,
ist auf deins (in netto!) erpicht;
und zum Dank er dir gar Rosen flicht –
wenn er streng auch von den »Flossen« riecht,
wenn er dunkel wie von Russ gebeizt,
ohne dass es ihm zur Buß' gereizt,
und auch seine Tatzen, Pranken
Schnaps mit Raubtier-Pratzen tanken,
weil die freudenlose Welt gar
ihm durch Krücken noch vergällt war.

Brems dich ein, statt bloß erneut hämen,
gern wird er vom Gelde heut nehmen,
ist ein Mann, der voll kundig,
segnen kann der vollmundig,
wird dezent den Kies einstreichen:
Überfluss ist's des Steinreichen!
Brauchst dann nicht auch noch gekränkt scheinen:
»Als ob ER *mich* da beschenkt!« greinen!

Zeitgenossen, die nie die Zeit genossen!

Blick hin, was alle diese Leute machen:
Kaum einen hörst du aus der Meute lachen,
denn eitel sie sich zu der Sonne wenden
(den *andren* darf *sie keine* Wonne senden!),
um Augenmerk dank ihrer Pose zu schinden
und Blicke nur auf *ihre* Chose zu binden.
Wie arrogant sind sie! – und nimmer bescheiden …
und euch selbst um den kleinsten Schimmer beneiden.
Fast wie ein wildes, »ruhmessüchtig' Tier« gar,
so stellen diese sich in ihrer Gier dar.
Sie wollen in des Beifalls Wogen treten,
sonst fühlen sie sich ja betrogen – wetten?
Man muss sie immer als die *Ersten* bringen,
sie würden darum bis zum Bersten ringen!

Was könnt' man jenen denn zwecks Heilen geben,
wie die so ruhmesgierig Geilen heben?
– So schaut euch doch mal diese Kinder an:
Sie sind genügsam wie's ein Inder kann.
Du hörst sie nie im steten täglichen Klagen:
was Beiwerk ist zu *euren* kläglichen Tagen …
Für Kinder trägt die Welt noch Wunderblüten,
doch eure Geldgier übt bloß Plunderwüten;
ihr habt für diese Welt wohl keine Sinne mehr,
fürs *Heut* und *Jetzt* fehlt *euch* ja alle Minne sehr!
Für euch ist dieses Welt-Bestaunen lau,
ihr lebt gehetzt in übler Launen Stau.

Ihr sollt viel mehr mit euren Kindern leben,
beruflich üben euch im lindern Geben;

die Jungen lehrt, man kann das Leben lieben –
und froh könnt ihr mit euren Lieben leben … !

Perspektivenwechsel

Schnuppert ihr nicht, was er tat, der Wicht,
denn der Knirps scheint noch nicht waterdicht!
Neu gilt's Windeln um das Kindel zu winden,
scheint der Ruch uns seiner Windel zu künden.
Nein, man schätzt so eine Ruchphase nicht,
wo's in Wolken wider die Nase ficht,
was uns dieser »dufte« Knabe, lallend
(und indem der Bub tat glucksend drücken,
dass ihm dieses mag auch drucksend glücken!),
froh hin uns als »Nasenlabe« knallend.

Kurz tat Nasenglückes Wandel liegen
trotz des Bübchens neuen Windellagen.
Jäh muss er Behagens Lagen meiden,
denn an Hunger wird sein Magen leiden.
Und in Bälde wird der Knabe lutschen,
an der Quelle voll der Labe knutschen.

Die wird nicht, weil doppelt sie, mit Milch knausern,
zum Vampir lässt flugs sie unsren Knilch mausern.
Wie freut's den Zwerg, dass diese Quelle stillt –
und später, was an dieser Stelle quillt.
Statt Inhalt schaut er heut den Formen nach:
Besonders, wenn die aus enormen Fach … !

Genetische Auffrischung

O, sind das nicht gar dem *Bebel* seine,
denn markant sind ihre Säbelbeine!
Ja, es machen solche Beine Sorgen:
Musst' der Vater grad denn *seine* »borgen«!?
Schau, was noch des Vaters Gene meistern:
Bald wird weg des Sohnes Mähne geistern,
fällt ihm rasch nach seiner Mähne der Zahn.
Schon hat gar die dritten Zähne der Mann,
wird dann auch an einem Stocke holpern,
runter gar in tiefe Hocke stolpern.
– Doch bleibt *jeder* Bebel ja im *Geist* klar,
rezitiert dir Raimund flink und Kleist gar!

Anders wieder sind des *Titzes* Wichte,
denen fehlt es an des Witzes Dichte:
Titzes wird nur ewig »Sport« umwehen,
werden nie des Dichters Wort umspähen;
wollen Bauten nicht und Bild schauen,
gegen 's Schöne einen Schild bauen.
Titzes *ohne* Geist und Bücher leben,
doch sind s' fit wie Jahn und Blücher eben.
Nur – wie fit sind ihre grauen Zellen?
Nur ein paar kannst da (mit Grauen) zählen!

Ein Hirn war schön, so wie dem Bebel seines
– doch *ohne* Makel eines Säbelbeines!

*

Frau Bebel müsste sich mit andren »Genen« laben,
wie quicke Herren gern sie zum »Entlehnen« gaben … !

Gegenmodelle

Auf einer Seite steht die Geistwelt,
auf andrer aber zählt, du weißt, Geld.
Die einen werden hoch die Liebe heben,
und andre unterm Joch der Hiebe leben.
Die Zarten stets nur edle Worte suchten,
die Derben solche übler Sorte wuchten:
Da gibt es kein (da dies *zu* kräftig!) Denken,
Injurien nur, die allzu deftig kränken.

Wir mögen solche Klangpalette nicht,
denn dieser fehlt das traulich-nette Licht.
Am Menschen sollt' nur *immer* Übel kleben?,
er, stinkend, unterm Guss der Kübel leben?,
dank *jener*, die ihn nur in Schuld dippen,
und Tück' auf *ihn* voll Ungeduld schippen!

Die sollten einen *Eigen*guss beschließen,
sich selbst dann damit (guter Schluss!) begießen:
's würd' ihnen eines »Ruches Hülle« geben,
als tät' man grad sie aus der Gülle heben,
und jeder würde dank der »Kluft-Lagen«
um Mangel sehr an frischer Luft klagen:
»Wie stinkt denn dieser Fiese, der maulend,
der Hetzer da, der Miese, der faulend …!«

… So lasst uns solch probate Eimer grüßen –
und schließen mit den Schüttelreimer-Güssen!

Ins Leere missioniert!

A.: Die sind ja nur beim *Saufen* tüchtig,
nach solchen >Innentaufen< süchtig.
Nur Biere kippen, statt sich regen: Seich!
Dies zeigt sich bald als wenig segenreich!
Die Biereslust, die gält's, mich deucht es, senken,
was nützen würde gegen seichtes Denken:
Der Trinker Ohr horcht bloß auf leichten Sinn;
das dumpfe Hirn sie nur dem Seichten liehn.
Was brächte ihnen Geistes Wachheit,
wo mancher schon die »Birne« weich hat?

Doch wirst mit klugen Wie-und-weil-Sätzen
nur deren mürbes Nervenseil wetzen.
Darfst ihnen keine Bücherseit' breiten
und Klugschiss gar mit vollen Breitseiten
(was schulisch, zwecks Belehren, weise –
doch Trinker sich wohl wehren leise.)
Sie haben, scheint es, ja nur Stirnhöhlen,
aus denen könntest kaum ein Hirn stehlen …
auch kannst die Typen stets nur *lärmen* hören:
Geräusche sind's, die uns ein Härmen lehren.
Wo musikalisch einst geraunt die Sache,
trifft heute dich, per *Höllensound*, die Rache …

B.: Noch weiter diese Klagen? – Ehrenwort:
Dein Jeiern ist geschlossne Ohren wert!
Schau halt in deinem stillen Schrecken
nicht hin grad, wo die Schrillen stecken.
– Welch *Ruh'* doch Buches Seiten prägen:
Sie schicken dir ja breiten Segen!

Carpe diem!

Wie und *was* wird denn wohl seien *morgen*:
das sind wahrlich *keine* Maiensorgen!
Öffne fröhlich nur die treuen **Augen**,
nichts siehst, *was* da könnt' zum Reuen taugen.
Schau nur her, was hold uns dieser Lenz gibt –
er ist einer, welchen man zur Gänz' liebt!
Grant lässt *er* in Winters Grüften tapsen,
und die Nas' nach Frühlingsdüften grapsen.

Röcke siehst jetzt bunt, du Tor, flattern,
spürst selbst *du* dann jenes Prickeln wegen
Formen, welche sich im Wickeln prägen,
weil der Wind mit Stößen, rauen, facht
da an fraulich' Kleiderlagen
(keiner wird mit »leider«! klagen):
Ja, so gib auf all die Frauen Acht,
oder willst trotz Frauenflor tattern …?
… weiter dich verkriechen ohne Saft,
durch die Zeiten siechen ohne Kraft,
deine Finger in die Tasche flatternd,
um zu greifen eine *Flasche*, tatternd …?

Trotz nur fort, ich nehm' die Hilde mir:
Sitzt voll Augenglanz – und milde – hier …

*Ja, man soll bewusst im Heute leben,
lasst uns einen drauf, o Leute, heben!*

Revierwechsel

Brit, heiz ein ihm, diesem Single, tüchtig,
denn es macht mal solch Getingel süchtig!
Fetzen sollst, die *negligeable*, nehmen
(um die lockend wiegend' Hüfte Tüll),
und dich nicht für'n blanken Nabel schämen.
In des Orients schwere Düfte hüll,
voll des Glaubens, dass die Maiennacht,
aus dem Alten einen *Neuen* macht,
denn bei vollen Mondenscheinen
fällt dir schwer: »Ich schon den Meinen!«,
denn grad dann beständen Lücken
an gewissen Lendenstücken …

Trotzend ihrer Loderflamme,
kühl und schnell entfloh der Lahme!
Unsre Sie, die sehr erbittert war,
dass der Lieb' er, die *sie* wittert, bar,
sprach zu sich: Dein Herz, o gib es Lotte,
nicht solch einem falschen Liebesgotte!

Nein, nur kurz wird sie da Zähren wischen,
bald siehst neu das Frauchen zieren Wäschen,
findend so (nach zwei adretten Nieten)
endlich doch dann einen netten Dritten.
Und sie fühlt sich raschest wie genesen:
Liebesleid – das war doch *nie* gewesen!

(Da sich beide liebend warm halten,
wird auch künftig wohl kein Harm walten!)

Irre Pioniertat

Schau, dort siehst du einen Schmock hinken,
will er gar sich (in der *Hock'*!) schminken?
Es verharrt in *kurzer* Dauer der Mann,
denn es tritt schon an die Mauer der dann:
Auf vier »Beinen« (wird sich's lohnen?) kreucht er
über Wände glatt zum Kronenleuchter …
… Man *staunt* (er *haftet* an der *Decke*!) nicht –
bloß Worte fallen mit Genecke dicht:
Wie kann man denn in *grellen* Hosen leben,
und was, wenn sich gar diese losen *heben*?!
Warum muss er's mit *grünem* Schopf treiben –
will »alle Neune« so der Tropf scheiben …?
… Kennt er *nicht*, was wir die *Schwerkraft* heißen,
müsst' auch *er* in deren Fix-Haft kreisen?!
Darf er wider die Physik & Co sündigen,
darf er ihnen denn ganz einfach *so* kündigen?,
mit Physik im heft'gen Beugen ringen,
und Groteskes uns zum Äugen bringen?!
Streng sollt' er nach den Naturgesetzen schauen,
nicht damit, was *wir* so gar nicht schätzen, sauen.
Gib doch diesen *würdigen Gesetzen* Ehr' –
gegen Frevel heißt es wohl zu ätzen sehr!
Endlich schenkt die dunkle Macht Formeln,
die wir, zornesrot-entfacht, mormeln:
Und sie helfen, dass man's kräftig schafft,
Erde zieht ihn mit geschäftig' Kraft …

Und schon hörst, er sei jetzt down!, die Klage,
dass ihm mies, so als ein Clown, die Tage.
… Doch wozu auch zieren diese Decke,
stur ja, wie bei Tieren, diese Zecke?!

Der Mensch ist, was er isst   *(Ludwig Feuerbach)*

Ein *Mensch*, der isst recht gern vom *Huhn* doch –
und trotzdem hält er *kühnes* Tun hoch!
Wie steht da nun beim *Schweine* die Sach' –
Moral gar senkend, seine, die schwach?
Was müsst' man erst vom *Kalbe* hören:
ein Fleisch nur wär's für halbe Gören?!

Du aßest heut vom *Ochs'*? – Lang, schwierig
bleibst Opfer dessen Schocks, langwierig!?
Es machen, wie wir lasen häufig,
die Braten von den *Hasen* läufig:
Sind munter ja, die Gammler, rüde,
bekannt für ihre Rammlergüte …

Ich warne voll im Schrecken: geh nicht
zu französischem *Schnecken*gericht!
Wenn gut es, auch die Kräuterbutter fett,
dann bleibst du schneckenträg im Futterbett!
Dies würde dich (es scheint mir schlecht!) hemmen,
sollst besser einen feinen *Hecht* schlemmen …

Was kündet uns an Schreck der *Hai*:
Es gilt dem Flossenheck der Schrei!
Er zählt im Meer als »bunter Meister«
und Beute, reichlich munter, beißt er.
So hilft wohl Fleisch von einem Hai weiter,
bist stark und ('s gibt dann kein: O wei!) heiter!

Sich seelisch gar im Ganzen da pflegen,
mit Nahrung aus den *Pflanzen* dagegen?
Sie *ruhen*, ohne ein »Gepurzel« wohl,

fest ankernd ja dank ihrer Wurzel »Pol«,
und stehen, schau, auch ohne Hetze in Saft,
sind ortsfest, ganz nach dem Gesetze, »in Haft«!

Die Menschen weiter gar noch sichten, reihen,
wie deren Lüste bei Gerichten seien?
Man kommt da nichts Vereinendem näher –
dem Ordnung-gar-Verneinendem eher … !
– Du bautest wohl per Spruch, o Feuerbach, Mist:
Ein Meister, scheint es uns, im Ungemach bist!

Zickige Wandlung einer Sie

»Gut ist *er* als Pflüger, Ackermann,
mich törnt nicht so'n derber Macker an!
Ist ja bloß ein öder Biedermann,
trifft ihn also mein recht müder Bann!
Weg siehst *ihn* von jedem Buch taumeln,
so als würd' draus *rot* ein Tuch baumeln;
leer, so gibt sich auch sein Massenblatt,
setzt ihm Geistes Rest, den blassen, matt!
Jenen bloß die Ackerfurchen leiten –
dort siehst ihn, gleich düstren Lurchen, fighten.
Grunzend darf er's gar wie Schweine machen –
doch verschon er Nerven, meine schwachen …
Ja, ich geh', weil ich hier gelitten sehr,
stadtwärts, wo man nicht *feiner* Sitten leer …«

  – Sie wird unter bei Herrn Russi tauchen
  und Zigarren dort als Tussi rauchen.
  – Schau sie jetzt dir *an, ja pack die Lupe:*
  Hohles Köpfchen – voller Lack die Puppe!

J.J. Rousseaus ferner Enkel

– (Ob er sich über dies Gehöhne schämt(?):

»Was nahmst du wieder *nicht* das schöne Hemd,
das alte gestern ja schon trübe schien's?!
Verbeult auch deine (schau du Rübe!) Jeans!
Kein Weib wird nach dir trutzig schmachten,
nach dir (der du so schmutzig) trachten.
Bist Doktor, doch für deinen Stand taub,
auf Schuhen klebt (sie sind dir Tand) Staub.
Bist schlank, es ziert dich zwar noch keine Schwarte,
dein Schlips jedoch ist eine ›Schweinekarte‹!
Du siehst nicht drauf der Speisen Fett – nein?,
und denkst im Stillen, dies sei nett, fein?!
Mit Soßen den Schlips beim Schlingen decken,
voll tierischer Gier an Dingen schlecken?!

Willst dich nicht um fremde Meinung scheren,
's Übel gar in der Erscheinung mehren?
Unter keiner ›Sauberwoge‹ leiden,
›bio‹ nur als Zoologe ›weiden‹,
um, was ›wider die Natur‹ zu kappen,
nach ›naturentlehnter Kur‹ zu tappen?

Kannst dich in einem Biotop ja räkeln,
uns kommt vor dir (du Misanthrop!) ja Ekeln.
Darfst unter Sumpfgewächsen ›verechseln‹! –
man wird dich *bald* mit Echsen verwechseln!
Doch knabbern dich selbst Krokodile nicht,
auch wenn sie dort gar wie am Nile dicht.
Dich tarnt dein Schmutz, Geruch und Farben dort –
die Echsen bloß, die armen, darben fort!«

Fritz, der Stabhochspringer …

… sendet, springend, seiner Latte ein Hoch,
denn sein Kürbis, der ja hatte ein Loch!
Hätt' er dieses gähnende Loch nicht,
tät er's nicht, dann wäre Fritz noch licht,
würd' er nicht für solch Bewegen sein,
lieber *Kopfes* Tun mit Segen weihn,
würd' sich kaum nur hoch per Stabe liften,
denn sein *Denken* würd' ihm Labe stiften … !

»*Kurz* bleibt's Über-der-Erde-Schweben«,
laut klingt seine Beschwerde eben.
Doch wird weiter unser Knabe staken,
hörst ihn gleich schon mit dem Stabe knacken;
hebt sich wieder in die Luft, der Graue,
plumpst grad in die »Landungsgruft«, der Laue.
Ja, so wird's mit ihm die Tage klappen,
wird nach'm Stab er *ohne* Klage tappen …

… *Doch bebrütend so als* Frau *dann diese Lage,*
stellte höflich ich, und flau, dann diese Frage:
»*Kann in ihm nur* dies *Geschick ticken,*
*wer tat ihn den Hochsprung*stick *schicken?*«

– »Er besuchte einst uns ohne Sportwillen,
war ein Meister gar in klugen Wortspielen,
als ein Hammerwerfer, Hammer-Jäger,
just am Kopf ihn traf – der ›Jammerheger‹!
Fritz lebt seither mit dem Stab', der ›Knurr-Hahn‹,
hier am Platz bei uns der Knab', der Sturhahn!«
– *Flucht ist es, was meine Nerven da weben …*
weil's ja Hammer, Diskus werfen daneben!

Zum Kern der Sache!

Besser wär' es, mehr vom »Sport« zu wissen,
um ihn trefflicher aufs Wort zu spießen.
Was, so frag ich mich, voll Wortes Spesen,
ist es eigentlich – des »Sportes« *Wesen*?
Gilt's da jene zu bewegen, die träge,
und zu weisen diesen Trägen die Wege,
denen fix da gilt das *Sofa* als Mitte,
zum Bewegen nur ein *Mofa* als Sitte,
so dass früh schon drohen Hügelgräber,
weil ihr Bizeps nur ein Krügelheber,
die den Körper morgens schon zur Glotze tragen,
auch wenn deren Frauen voll im Trotze klagen …

Selbst, wenn *wir* so scharfe Worte speien,
wird doch mancher sich dem »Sporte« weihen.
Bald stiert »Sport« er im Sport-*Kanal* (!) wieder,
andrer äugt aus Fußballs Oval nieder
(wird auf »seinen Klub« voll Hitze schwören),
brüllend kannst dort »Fans« in Schwitze hören,
fahnenschwingend, weil doch ihre Elf heilig,
Bieres Dosen zückend als Behelf eilig …
… Schau! – grad steht die Abwehr im Gehetz' daneben,
kann der Gegner leicht den Ball ins Netz da heben!

Was macht der »Fan« da, die Mimose, denn dann?
Er findet für den Rest der Dose den Mann:
lässt Bier auf Vordermannes Kopf tröpfeln –
und nennt er *das* nicht gar, der Tropf, »köpfeln«?
– Jetzt *endlich*, *ohne* eines weiteren Wortes Spesen,
erfassen wir, was *wirklich* jenes »Sportes« Wesen!!

Mund- und Handwerkerei

Hans, sei doch zu Albert Kaiser lieb,
Spott und Tadel diesem leiser gib,
sind doch deine Witze-Blüten
jenem wie der Blitze Wüten,
welche ihn wie Schläge trafen,
denn er wollt' nur träge schlafen,
ohne Geistrangieren leben –
in des Traumes Schlieren eben …
die umschwirren Kaiser laufend,
der beim Denken »leiser kaufend!«

Auf ihm *neu*e Argumente tischen,
in sein Hirn, das recht latente, mischen,
ihn damit in eine Ecke drücken,
unter fremden Sinnes Decke rücken,
keulend ihn (»er ist nicht wichtig«) nieder,
weil doch all sein Walten nichtig wieder,
Worte münzend, die nur höhnend drängen
und im Ohr ihm lange dröhnend hängen …

Hans will Worte noch, schon heiser, geben,
doch da tat die Rechte Kaiser heben:
Und, weil sonst kein Ende, schlug Kaiser
diesen dünkelhaften Klugscheißer!

*

Uns macht der Hieb, als Stimulans, heiter,
anders jedoch sieht es der Hans – leider!
– Musst er's auch dem Albert höhnend geben?
– Beifallshänd' wir (Hans dies gönnend!) heben …

Vom Leder gezogen

Frau: So schau, wie schön die Handtaschen …

Mann: … willst, Coco, wieder *Tand* haschen?
Dich würd' gar die aus Kroko reizen!
Da müsste auf der *Rocco* kreuzen,
der Herr ja ist der dicken Knete,
weil so ein Preis mich knicken täte …
… 's gilt Gründe, die komplexen, ehren,
auch jener, die um Echsen plärren:
Die sollten leben fern am *Nile* doch
(statt »taschentot«) die Krokodile noch,
um dort auf Antilopen dauernd
(denn dieses wird sie dopen!) lauernd …
– Es zählt ein Wort, ein rechtes, Coco:
Verzichte doch auf *echtes* Kroko!
Dein Gieren lass ums *Imitat* ringeln,
um dieses bloß (es ist parat!) tingeln.

Frau: Ich tanze nur um *Echtes* Reigen,
es sei mir nur was *Rechtes* eigen!
Es geht nicht nur ums Leder just,
bist echter Feind mir *jeder* Lust!
Bist blass und gegen meinen *Rocco* Schein,
als würf' ich Zucker mir statt Schoko rein!
Und wer wird *diesen* mit Genuss schlecken,
ich lass mich *nicht* bis hin zum Schluss necken:
's wird *weg* sich deine Coco rühren –
und sich als Herzblatt *Rocco* küren!

Gut gekontert!

Mann: Weg sollst du da vom Geschleck weichen,
dich, vorbeugend, lieber wegschleichen.
Eise gelten als die Zuckerreichen,
sind zudem den Milchfetten Nest,
haften dann, die nicht netten, fest –
und die Waag' macht böse Ruckerzeichen.
Denn nach ihrem Weg durch Mund, Rachen
würden Eise dich recht rund machen!
Und ich tadle und ermahne sehr:
Nimm aufs Eis ja *keine Sahne* mehr,
weil, so eignet mir mal heiß der Glaube,
recht kalorisch ist's Gegleiß' der Haube.
Doch Gedanken dran sich ranken, kleben:
Kannst vom Eis der Zuckerkranken leben
und auf Zuckerlast, du Runde, pfeifen,
sachter werden dann dir Pfunde reifen …

(Mangelt Herz nicht diesen Worten sehr?
Doch sie weiß bei solchen Sorten Wehr!)

Frau: So verlassen wir das »Eisgeleis« eben:
lässt es sich ja gut auch *ohne* Eis leben!
Ab geht es, sag ich, durch die Mitte barsch,
vorbei auch hier, trotz deiner Bitte, marsch:
Weg vom Wirtshaus wirst rasch lenken Schritte –
selbst wenn jemand beim Einschränken litte!
Bier, das würde dich *aufschwemmen*, leider,
darfst es (gleich dem Eis) nicht schlemmen
weiter!

Hoch klingt das Lied vom listigen Mann!

In Ahorns Abendschatten, welcher kühlt,
saß sie mit ihrem Gatten, welcher schielt.
Sie dreht an ihrer Wörterwinde leicht,
dass kaum ihm Mattigkeit, die linde, weicht.
Und sollt' ihn arg auch dieses Klatschen plagen:
Er *darf* nicht übers Wörterplatschen klagen –
und nickt als ein Lebensreifer mit dem Kopf,
zu dem, was sie formt voll Eifer mit dem Kropf.
Sie mag es mit finstern Zeitenläuften haben:
Er wird sich an Übeln *nicht* (gehäuften!) laben ...
... wo sie zu Lastern grad ja wechselt, den seinen,
aufs Zeug gar flickt (und wie sie sächselt!) den Weinen.
Durch diese bleibt, so meint sie, seine Rübe träge,
wird er wohl *nie*, der kläglich Geistestrübe, rege!

Wird ihm, der böse »durchgekämmt«, ganz schwül?
– Er hat die Klagen weggeschwemmt ganz kühl!
Denn *ihn* wird *nicht* der Stimme Klang versehren,
ihn lieblich gar der Vögel Sang verklären.
Gesang, den *fern* sie hier im Garten weben,
den wird's für ihn (war's zu erwarten?!) geben,
denn's hat der Sachse schon seit langer Zeit
die häuslich-schrille Keppelzang' er leid.
Er lernte einstmals mit dem *Trommelfell* schielen –
erspart sich *so* ja ihres Nörgelns viel Schellen ...

Fazit:
Es ist bei diesen Sachsen jeder wach –
und findig gar gewachsen jeder Sach'!

Philanthropisches Bemühen

Wenn Tücken zeigt dein Tag (und wenn Breiten),
so ändre deines Blickes Brennweiten!
Denn Dunkles sollst du fokussieren nicht,
sonst blickst du wie aus kranker Nieren Sicht.
Lass lieber, dieses soll dein Trick bleiben,
zu Angenehmren deinen Blick treiben,
lass Schönes deine Augen, bitte, suchen –
und solches dann als gute Sitte buchen:
Dies müsste wiegen als Gesetz schwer,
auch wenn's zerpflückt durch Bösgeschwätz sehr!

Lass hin ein muntres Lächeln schweben,
zu jenen, die im Schwächeln leben,
uns zeigend düster, und auch ohne Wort,
dass unsre Erde nicht nur Wonneort!
Sie gehen tapfer ohne Krücken rum,
doch ist vom Ducken schon ihr Rücken krumm.
Grad jenen solltest nette Blicke schicken
(nicht wieder hin nur auf so Chice blicken!) –
dann fassen ihre Lebensgeister Mut,
und ihnen tut's, o edler Meister, gut!
Gestärkt auch die, die Weh und Ach funken,
und täglich nur aus »schwarzem Fach« unken.
Sie werden dann Gedanken senden, ach *so* weiß! –
und sich zu guter Laune wenden: ach, *so* sei's!

Wenn manche grimmig unter Suhlen buddeln,
lass diese ohne jedes Buhlen sudeln,
lass weiter mit dem Übel diese drohen:
Soll holen doch der Dübel diese Rohen … !

Misanthropischer Monolog

»O, ihr Nichten mein und (ach!) Neffen,
wollt ihr *Fehler* denn nur nachäffen?
Hört doch ja auf weise Lehren,
ohne dieses leise Wehren!
Seht mich schon 'ne Weile eben,
Tage *ohne* Eile weben ...
– Muss des Lebens Launen rügen,
Götter, die voll Raunen lügen,
mischend dir viel Tück' zum Glanz,
fordernd ohne Glück zum Tanz!
– Oft trägst nach *Pyrrhus*-Siegen Trauer,
bist gern ob der Intrigen sauer.
Weilst selten nur an einem freudig' Ort,
dein Tag, er setzt sich bloß nur »räudig« fort!
– Ja, jäh blitzt gar ein Messerblatt,
setzt dich man, der du blässer, matt ...
– Und mit Vorsicht sollst du Worte wagen,
würd' sonst wider dich: >Na warte!< wogen.
Wendig dreht man um den Sinn der Worte,
dient dies doch als ein Gewinn der Sorte,
die beim Chef gern sät, nicht trauernd, Lügen,
welche (gegen dich) sie lauernd trügen ...
Scheut nicht Mühe und auch Kosten ihr Plan:
gierend nur nach deinem Posten ihr Clan ...
Ja, die Menschen gleichen gern den Raubtieren,
deren Herzen kannst du *nicht* (da taub!) rühren ...«

> – *»Lassen stehen wir den Onkel dann,*
> *seine Rede spricht nur donkel an:*
> *Mit Freunden gilt es gerne leben –*
> *und* Gutes nur, *das lerne geben!«*

Gäbe es nur mehr davon!

Ja, diese, eine Pressekatze,
sie ziert und zückt 'ne kesse Pratze,
bei *der* kannst du ein *Sach*beherrschen schauen:
Wird Tasten erst nach den Recherchen hauen,
an andrer Meinung nur mit Charme reiben
(nichts Falsches würde deren Arm schreiben!),
und wach und hell, so wird ihr Blick flitzen,
und Geist aus ihrem Wortgeflick blitzen,
wird Hass nicht in die alten Kerben schicken
(um locker weg dann alle Scherben kicken),
nicht Themen *nur* aus dem Mainstream greifen,
die Zeitenübel *auch* mit Grimm streifen …
Siehst zielen sie auf einen *Mächtigen* dann,
enttarnend ihn als *den* verdächtigen Mann,
der *aus* will nur die eigne Macht breiten,
und *Freiheit*, die man uns gebracht, meiden
und fort sie, Scheib' um Scheibe, raffen,
beklatscht von fügsam' Schreibeaffen …
… die korrupt verhehlen ihre Stirne,
und den Leuten stehlen ihre Hirne!

Du *bist* es, der wir flechten Rosen,
weil Worte dir, die rechten, flossen!
Nimmst nicht wie diese Schreibkohorte »Sold«,
bist du doch einer »weißen« Sorte hold!
Dich müsste man (ins Schwarze treffend!) klonen,
statt derer, die einäugig kläffend thronen.

(für Silke Pixner)

Höhere Töchter – und andere auch!

So sind sie mal, die ach so »irre Zarten«,
dressiert in lieblichen Geziere-Arten.
Vergebens wirst du solche Wesen bitten,
sie würden *nie* mit einem Besen wüten,
sie kennen Daseins Raufassetten nicht,
gefangen sind s' in ihrer netten Sicht,
und werden brav und bieder lauschen,
wo lieblich sich nur Lieder bauschen;
sind bar an koketten, kessen Blicken
und lassen kaum nackte »Blässen« kieken …
Sie bleiben ewig dir nur »Schwesterlein« –
da regt in dir sich wohl ein Lästerschwein:
»Ich lass euch in des Klaviers Tasten hauen
und such mir solche, die voll Hasten ›tauen‹,
ich will und muss mich doch mit euch Katzen,
recht wohlig ja, und mit Gekeuch', atzen … !

Befragte die so niedlich Kleine eben,
wollt' sie mir voll der schönen Triebe holen,
doch munter tat sie mir gar eine kleben!,
da musst' ich mich nach jenem Hiebe trollen.
Noch glüht mir meine Wange leider:
So geht es nicht mehr lange weiter!
Denn künden mir doch alle Sinne mein:
Ja, *wohlig* müsst' es mit der Minne sein!
Werd' schenken jetzt viel Rosen tüchtig,
danach erst scheint mein Tosen richtig.
– Muss schlagen *Umweg*shaken leider,
zu enden auf den Laken heiter …«

Wasser gepredigt!

Von blinder Wut und Hass versengt, die stritten
und fanden äußerst »angestrengt« die Sitten –
und säten manchem Sprachunkraut den Samen …
… warum in Worten sie, versaut, denn kramen?
Wieso kommt dabei nur der *Stoffwechsel* dran,
woher all der so üble Wortdrechselwahn?

»Den Mund bloß haltet, der im Stänkerhube
(vulgär so klingt er à la Henkerstube),
denn gegen solch fäkales Stänkerhirn,
verwehrt sich tadelnd *unsre* Henkerstirn:
Wir werden euch ganz frische Themen schenken,
die lassen euch in neuen Schemen denken!

Auch dürft ihr alles nicht nur »grindig« finden:
was friedlich *eint*, *das* sollt ihr findig gründen!
Wenn's euch auch steigt so wie mit Förderwinden,
sollt *ihr* doch lieber *nette* Wörter finden …
und wehe, 's fängt, voll Trotz, so 'n Ekelmann,
aufschaukelnd, wieder mit Gemäkel an!

Den *mürben* Seelen schmeicheln *smarte* Zeilen,
da würden, glaubt mir, selbst Unzarte smilen.
Und bald hätt' auch Brigittes Gedicht-Wort,
bei euch, ihr Bande, großes Gewicht dort.
Doch tschüss: Ich muss, wie wir es an der Ruhr täten,
mit meinem Nachbarn heute noch Fraktur reden.

… Da kommen wohl auch *eure* Worte zu Ehren,
um mich mit ihnen *gut* vor Orte zu wehren!«

Zombies & Zomboide

Da siehst du einen *Zombie* gieren,
der will sich, scheint's, per Kombi zieren –
vielleicht gar kämen weitere Zombies,
auf dass sie zähmen weitere Kombis.
Verstehe da auch jedes Zucken,
tät' solche ein Mercedes jucken,
würd' einer nach Boliden wispeln –
ich hör dein: Was-und-wie-denn? lispeln!
Doch Zombies schadet Autorasen nicht,
es brächt sie unterm frischen Rasen nicht!
Und tönt dem Zombie auch Gekrache, bum! –
so macht kein Sturz ihn hin zum Bache krumm.
Den lässt ganz unversehrt der Zauber,
vom ew'gen Leben zehrt der sauber,
ihm tut kein noch so wildes Jagen weh,
denn's endet bloß der schicke Wagen jäh!

Um solche Fahrer sich die Firmen reißen:
Es sollten nur die ach so firmen reisen!
Am Steuer bringt die Wahl der *Zagen*,
Verbrauch nicht in der Zahl der Wagen …
Um *ein* Problem doch heißt's, nicht klein, scheren:
Das *Wie* um Zombies Führerschein klären!
Denn Zombies lassen (ohne Charme!) erbleichen,
wie könnten sie den Schein (erbarm!) erschleichen?
Wie kann man ihr Gesicht, das gruftig, schauen
und deren Hände, die so schuftig grauen?
Sie zählen nicht zu den so herben Schönen,
es ließ sich nur: »Ein Charme in Scherben« höhnen!

So staunt: ein Mann kam jüngst zur ›Beichte‹ bleich,
sah aus ja ganz wie ›'ne erbleichte Leich‹,
war keine (will es nicht verhehlen) Zier,
begann, so hört, recht matt zu erzählen hier:

»Mein Äußeres (er griff zu O-weh!-Pillen)
verdanke ich bloß meinem OP-Willen:
Es prägte mich, den ›Untermenschen‹, nicht Adel,
galt früh schon als der ›Horror- und Glatzenfranz‹
dank meines so ›dämonischen Fratzenglanz‹!
Ich will es gleich euch weiter fügen zu Zeilen:
Ich bat, an des Gesichtes Zügen zu ›feilen‹,
doch taten Ärzte mich ›vermanschen‹ nicht edel,
sie haben schlecht nur (trotz dem Geldgebot) gespurt,
so gleich' ich heute einer düstren Spottgeburt,
so dass Beamte gar mit Erbarmen ringen,
den *Führerschein* mir, ›Zombie dem Armen!‹, bringen.

Wirst schaun durch nobler Wagen Blickscheiben,
muss gnädig nicht da dein Geschick bleiben.
Statt schöner (liebestoller?) ›Kombi-Zicken‹ –
kannst grau drin *mich* den ›Pseudozombie‹ kieken!

So kommt für mich von Schönheitsärzten nur Schrecken,
und über ihr Besteck da scherzten nur Recken;
wenn in Chirurgenhänden blitzen Messer,
dann werden Männer, nicht nur Miezen, blässer!
Du musst, was löst sich aus'm Verband, schauen,
siehst oft du dann, was die an Schand' bauen,
du triffst Gesichter, starr – so schau, die Larven! –,
die ließen *Casanova* lau, die ›Scharfen‹!«

Ungewollter Steckbrief

A.: Will einer ab dir deine *Ehre* schneiden,
dann sollst ihm blitzesschnell die Schere neiden.
Ja, schnapp dir mutig seine Schere quick,
dass *er* wird dieser Schere Stahl schauen,
und Ängste ihm sich, die nicht schal, stauen,
weil *du ihm* stichst in seine Quere »schick«!
Und schon lässt *er* dich gar doch schauen Reu',
siehst du den eben noch so Rauen scheu!
Wie zitternd ihm die Knie so »reisen« –
nein, seine sahst noch nie so kreisen!
Und *mild* ist's jetzt, was seine Zunge leert,
an deren Dunst sonst deine Lunge »zehrt«!

B.: Wie erkenne ich so Ehrenschneider,
dass ich ihnen rasch ein Scherenneider,
dass ich flott kann ihre Schere wenden,
denn ihr Walten, ja das wäre Schänden!

A.: Es sind, kannst sagen: »Wiener Typen«,
die bucklig wie die Diener wippen;
Nach Tücke dürsten deren Augen sehnlich,
Vampiren sind's im Blutesaugen ähnlich!
Es plagt ja *die* am Herzen da der Schwund,
ist gut nur *im* Anschwärzen da, der Hund!

B.: Das ist der *wahre* und der mickrige *Knüller*,
mein *Nachbar* ist so, dieser knickrige Müller!
Ich danke: denn ich bin gewarnt (was tüchtig) –
und Heuchel-Müller ist enttarnt, was wichtig!

II. Reisen in Zeit und Raum

Das Radrennen

Vom Felsen runter lugt ein Geier finster,
der Frühling zündet flott zur Feier Ginster,
auf Wiesen hält schon Lauch und Primel Wacht,
auch Leberblümchen voll Gewimmelpracht …
Am Weg zieht eine Radkolonne weiter,
die blicklos fährt und ohne Wonne – leider!
Nur weiter! tönt den Blickeblanken ihr Tick,
nicht Lenzespracht und –blüh wird tanken ihr Blick,
und ignorierend selbst des Bächleins Plätschern glatt,
macht *sie* kein Blick zu jenen fernen Gletschern »platt«.
Sie sehn am Waldesrand nicht Hirsche weiden,
den Rücken krumm nur – ganz »unwirsche Heiden«.
Und viele sind es, da geht *ein* Radler unter:
Doch grad auf diesen schaut so ein Adler runter
(von seinem Horst an kühnen Felsens Steilwand,
die dort ja wohl seit einer langen Weil' stand),
sieht jenen, dicht am Vordermann, das Rad führen,
denkt federschüttelnd: *Dieses* ist ein *fad'* Rühren,
so stur aus Wade nur und Hüfte leben:
Viel schöner ist's, sich in die *Lüfte heben* …!

*

Ja, maulwurfshaft ist jener Radler Eifer:
Es dünkt die Optik von dem Adler reifer!

Jähes Erwachen!

Zwei Knaben kannst da, fest im Schlummer, gaffen
(wir könnten *nicht*, bei all dem Kummer, schlafen!),
die lassen weg sich ohne Säumen tragen,
und Zukunft sich aus ihren Träumen sagen.
Sie landen, wie's mit müdem Äugel Brauch,
in Welten wie von Bosch & Brueghel auch!
Dort feiern sie bei vollem Tische Feste,
auf dass man gründlich Fleisch und Fische teste,
vertrauen willig dem Gerüchte froh,
dass lecker all die bunten Früchte roh.
Sie treiben weiter es und ziemlich forte, toll
und stopfen sich mit Backwerk, gar mit Torte, voll –
was bald dann unsre beiden fragen macht:
Wie lockert man solch schwere Magenfracht?
Doch wird's da Hilfe durch Beschwören geben:
Die »Fracht« wird weg dank den *Likören* schweben!
Sie wollen ja kein Darben bei dem Feste,
so landen Schnapses Farben bei dem Teste ...
... Jetzt *ruhen*, träumend stapfen ohne Ziel! –
doch gab es Föhrenzapfen ohne Stil:
Die fielen wie Gestirne ohne Bocken
auf jede Knabenbirne ohne Stocken ...

Wird übel dies den Knabenmüttern scheinen?,
was werden sie zu solch »Erschüttern« meinen?

– »Es fiel auf euch so manches da von Föhren schwer
(doch dieses ist, wir können es beschwören, fair!),
beendend (Dank nach oben!) eure Schlafenszeit –
und endlich wird zu loben sein die Schaffenszeit.
Ihr seid ja selbst im Träumen nicht zu rege:
Doch *jetzt* müsst *ihr Aufräumen* – nicht zu träge!«

Raumfahrtstherapie

Grantig *zu* Kalenders Tage klappen,
durch die Zeit mit Dauerklage tappen,
zähe Übellaune, dichte, schleppen,
Zores schultern gar als schlichte Deppen?

Fort von dieser Menschenherde eben,
frei sich über unsre Erde heben,
einmal durch des Äthers Leere schweben,
gänzlich ohne Erdenschwere leben!

Hoch sich rauf per Himmelsleiter heben,
überm Wolkenweiß ganz heiter leben;
auf die Erde aus der *Ferne* starren –
weit und kühn bis an die Sterne fahren!

Fürs Reisen gilt's Kometen nützen,
behelmt mit Raumfahrts netten »Mützen«,
umschiffen *Weltraumschrott* und *Sonnenwind*,
weil diese beiden blank der Wonnen sind.

Dieses dort lässt sich als *Schwarzes Loch* deuten:
Mit der Schwerkraft droht ein solches doch Leuten!
Auch *Supernovä fern* nur schlau gucken:
Was näher würd' ihr Hitzegau schlucken … !

Trotz Müh' wird sich kein Leben (schaut den Narren!)
um diesen wirren Kosmonauten scharen!
Und um *kehrt er, will nicht im Himmel weiter:*
es macht doch nur *ein* Menschgewimmel *heiter!*

Winterschlafkoketterie

Ja, trüb ist dieser Morgen sehr:
Ein Licht nur seh' ich weich blinken,
das schickt mir bloß ein bleich' Winken,
scheucht auf mir keine Sorgen mehr.

Der Wettergott sollt' heben die Nebel,
bloß tappt er wieder neben die Hebel!
So könnt' ich Blicke mir durchs Fenster sparen,
weil draußen dunstige Gespenster fahren;
ins Aug' der Tanz nur aller Flocken sticht,
der weißes Tuch ganz ohne Stocken flicht.
Wird neu der Erde fast die Hülle,
sinkt schneeig ohne Hast die Fülle,
und zögernd trödelt selbst der Uhren Takt,
der sonst ja doch im flotten Touren-Akt.

Das Zepter grimmig dieser Winter hält;
du landest dumpf in einer Hinterwelt,
als würdest du auf einer Scholle treiben,
die ferne in die Welten Trolle scheiben;
die treiben dich mit Spott (zu dreien),
um *aus* dich (nach dem Trott) zu *speien*,
wo gleißend Eiskristalle prunken,
in Daunen dich, weiß-pralle, tunken.

In *Träumen* fliehst aus dieser weißen Welt,
weil dort man nur im Ungewissen weilt:
Sie werden weg von weißer Pracht weisen –
in Träumen darfst: der *Lenz* erwacht preisen!

Mehr als nur abgekartetes Spiel?

Hier, da stünde glatt doch eine Leerseit',
täte dieses nicht dem Leser sehr leid?
Aufs Poem gilt's (folgt in Kürze!) warten:
Fantasie – so misch (voll Würze) Karten,
greif hinein in deinen Kartenfächer,
sei er jetzt für bunte Fahrten Köcher!

Siehst du *nicht* die *Herz*ensdame locken –
wo will *an* sich, die nicht lahme, docken?
Wird den König sie *in Karo* loben?,
liegt ja dieser schon ('s ist klaro!) oben,
würd' ihn wohl, wär' *er in Pik*, schassen,
tät' ja nicht in ihr Geschick passen!
Nein, sie würd' auch *den* nicht (der *in Treff*) schauen,
ihm wohl kaum als *ihrem* Herzens-Chef trauen.

Hört selbst sie doch und ihre Reden, eigen:
Drin tanzt, so scheint's, ihr Liebes-Eden Reigen:

»Dem *Herzens*könig schenkt kein Herz der Mai,
er liebt von Herzen nur Kommerz, der Hai!
So werd' ich *den* hier, der in *Karo*, lieben,
und solches kenntnisreich ('s ist klaro!) üben,
begehren doch nur *seine* Minne –
voll Leidenschaft – all *meine* Sinne!
Ihr meint, wir seien bloß *Papier*, rüde:
Was wisst ihr davon schon, die ihr prüde?!
Papier, das sind wir wohl, doch fühlen Karten,
gar mehr als ihr auf euren kühlen Fahrten!
– Wir können gar vom Wissen, welches künftig, zehren,
vor *eignen* Türen solltet *ihr* recht zünftig kehren!

Graf Geo auf Gedankenflucht

»Es waren üble Hordenwesen –
aus denen dann geworden *Hessen*!
In *Bayern* selbst der *Preußen*geist:
»Wie lieblich sind so Geißen!« preist.
Es werden, gibt es Hitzen, *Schwaben*
beim Schaffen sehr zu schwitzen haben.
– Der Alkohol und lockrer Sitten Bräuche …
ist dieses *nur* bei fernen *Briten* Seuche?!
Was stellen, trunken, denn *so Schotten* dar?
– 'ne ›dudelsäckisch‹ Hottentottenschar!
Musik, die zählt auch viel auf *Ireland*:
Dort mündet jedes Fest im Leier-End'!

In *Wüsten* sollst du *Löwen* meiden,
doch kaum wirst unter Möwen leiden!
Auch fleh: ›Sei, bitte, lieber fair, *Natter*,
vor dir steht, zitternd, ja ein Nährvater,
ein aufgeweckter Kopf, ein Feuergeist –
will nähren wohl auch keinen Geier feist!'
– Zu *Himalajas* weißen Riesen,
musst du geschickt zu reisen wissen.
In ferner *Arktis* schwankst am Eis,
man röche deine Angst am Schweiß!
Auch leg' ich noch in vollen Schärfen nach:
Der *Eisbär* bietet dort den Nerven Schach!

Zurück bloß in die Heimatstadt *Trier*! –
die grad ein Trunkener betrat stier.
Wie schrecklich wär' mir ein Nach-*Neuss*-Müssen,
denn still ist's dort, da hörst gar Mäus' niesen …!«

– Wen wird es, dass der Graf nun schwach, kränken,
dass nieder wird er mit Gekrach' schwenken?!
Warum nur heißt er denn grad Graf *Geo*:
So muss er werden – falscher – *Geo*-Graf!

Rundumblick mit Kinsey

In heißen Steppen, welche Sonnen prägen,
besonders dort ist jeder Bronnen Segen.
Wenn mittags wieder prall die Sonne hitzt,
wohl keiner draußen wie zum Hohne sitzt,
wird keiner sich in Pelze schmiegen,
sich nicht in Sonnenschmelze biegen,
wird niemand solches Kochen preisen,
um Liebe (Herz voll Pochen!) kreisen …
… Es gibt in Zelten wohl kein Schämen
(auch brächt' ein Schelten wohl kein Zähmen!),
diskret schaut nicht, so gilt's, Tataren man zu:
's heißt heut wie weiland unter Zaren: man tu! …
… Im Norden unter grimmen Kälteschauern,
wohl Inuit voll der üblen Schelte kauern?
Wie dort sich diese wohl mit Liebe tränken,
wenn, trotz der Kälte, sie die Triebe lenken?
Doch fehlt dem Liebeswüten Härme,
dank wohliger *Schneehüttenwärme* …
… Lasst uns in euromilde Zonen schielen,
mit Kinseys Fragen ohne Schonen zielen.
Ja, hier in den Bereichen Süden/Mitte,
da hängt man eher an der müden Sitte:
Hier macht die Arbeit (hart und deftig) krumm –
ist dieses nicht (ich sag es kräftig!): *dumm*?!

Der Frauen Leid

Worüber könnten Fraun sich freuen schon,
denn's plagt genug ja diese Scheuen Fron?!
Kannst grimmig Worte schweben hören,
wenn Fraun die Hände heben, schwören
(und's wird wohl wieder ihr Gequengel mehren!),
dass Kerle nur, die voll der Mängel, queren!

Und zornig gar, so klingt dies Sagen,
und schrille Töne singt dies Klagen:
Was gilt's von Männern, lahmen, denken,
wo können hin sich Damen lenken,
wo finden sich noch kundige Männer,
des Küssens gar vollmundige Kenner,
die nicht sich *nur* im Linnen üben,
auch, was in Frauen *innen*, lieben!

Den Blick halt hin zu *Inseraten* tun,
wo Männer voller Ruhmestaten ruhn,
sich gebend dort mit Kennermund
gar als die *Spitzen*männer kund!?
Und hast du einen, ist sein Regen seicht,
dass dieses nicht zum Frauensegen reicht –
und glaubst du gar, es würde Heil winken,
so wirst danach wohl eine Weil' »hinken«!

Doch wird manch Traum, trotz aller Klagen, war:
Du musst es, Frau, nur *öfters* wagen – klar?!
Dann wirst du zwar durch *viel* an Spreu dringen,
doch *einer* wird ins Aug', der *treu*, springen,
der wird dein Herz dir dann wohl rauben gleich –
entlohnend Hoffen und den Glauben reich ... !

Durchgeknallter Steirer!

»Gemessen an dem lockren Weizer Charme,
bist *du* mir, allzu biedrer Schweizer, arm!
Es würd' nach Steirercharme Luzern gieren,
man tät' sich dort damit ja gern zieren,
ganz happig würden s' danach gern beben –
dafür auch viel in Basel, Bern geben.
Als Charmes Mittler jederzeit führ' ich
nach (dort ist *auch* man nicht gefeit!) Zürich.
Wenn *mich* erst Frauen jener Schweizer hören:
auf *mich* sie nur als *den* ›Einheizer‹ schwören!
Ich wäre bald der Frauen ›Heizerschwarm‹,
verblich, dank mir, all deren Schweizer-Harm,
vergäßen Schweizerfrauen alle Leiden,
genössen diese ›Lauen‹ (?!) alle Freuden.
Auf ihren Thron mich Frauen längst hoben,
gar manche tat mich schon als ›Hengst‹ loben.
Ja, ich beherrsche *alle* Reiz-Weisen,
soll zur Mission ich ab aus Weiz reisen? –
und Liebeskünste raus aus Weiz senden,
an fesche Weiber mich (ihr seid's!) wenden …?«

Die Holde sein, mit voller Stimme, bog laut
ums Eck, als er da noch am Monolog baut:

»Muss täglich ich an dir, du Niete, leiden:
Wird keine mir dich, *Maulelite*, neiden …«

(Wird weiter fort und heftig tönen
und über ihn recht deftig höhnen …
Wir kennen ihn bereits, wir, dieWeisen,
so haken ab nach Weiz wir die Reisen!)

Das Gestern: ein vergangenes Heute!

Hört ihn, ferne nur, im Gestern lebend –
und dem Heute bloß ein Lästern gebend,
lobend (wie nach einem bezahlten Eid)
Freude nur und Liebreiz der alten Zeit:

»War sie nicht auch *lebenswerter* gar,
weil die Tugend da begehrter war?
Hoch hielt damals man die *Werte* sehr,
heut die Lieb nur ›'ne versehrte wär'‹ …
Früher herrschte doch auch hier ein Geben,
wo sie Geld heut voller Gier einheben!,
sie bloß kalt ins Auftragsheft schauen,
und ums Ohr uns beim Geschäft hauen …
… mit Partnern »auf die Linke« pokernd,
den Nebenmenschen Pinke lockernd:
Ihr Trachten steht nach einem leichten Sinn,
den sie seit langem nur dem Seichten liehn …«

Ich rat' euch: Weicht aus solchen düstern Leuten,
die gern nach Schlechtem, stets nur lüstern, deuten,
im Jetzt mit lebensblindem Tappen klagend,
mit Blicken hinter so Scheuklappen tagend …
– Und bald fragst dich als ein Gerechter, Schlauer:
ist heut der Mensch denn wirklich schlechter, rauer?
Den Kopf, den musst in alte Quellen stecken:
's wird klagend draus aus vielen Stellen quäken –
du wirst gar manche Leute ausheben,
mit Taten, wie sie s' heute ausleben …

Wien im O-Ton – oder: i brauch ka Reisebüro!

Da fahr i zu d Franzosn bis Carcaçonne,
was siach i dort? – Staana und *gar* ka Sonn!
Bistro, bei denen so di *Beisl* haaßn,
san klaa und tuan in a jeds Häusl passn …
In Sooß, Vöslau, no liaba Wean gar,
des denk i ma dort, dass i gean war*!

Beim Heurign da kannst aa** draußn hockn,
waun s schütt, sitzt halt drin, kannst hausn trockn.
Do scho, waun da Kellner den Wein serviert,
geht d Sonn da glei auf, bist drin ja versiert.
Und wuascht, wo *du* aa grad knotzt, man halt s aus,
wo s Vierterl Rot blitzt, dort bist zhaus, alts Haus!

Und s wiad jeda Weana beim *Wein* aa wissn:
Zum Heurign ghörn do aa di *Wiena Weisn*!
I hab drum für di Weana Musi Gspir,
gönn ma dann aa a gschmackigs Gspusi*** mir …
Kriagts *ihr* aa net vom Umadumreisen**** gnua,
wüll i nur (bei mein Wein!), des sollts kneissn*****, Ruah!

* wäre
** auch
*** Liebelei
***** Herumreisen
***** verstehen

55

(Mähnen-)Haarsträubendes

Entwischt mit Mühe dank der Feuerleiter
wird wider'n Rachen eines *Leu* er Fighter –
er, *der* doch bloß ein müder Leierfighter,
in *Laien*chören nur ein Feierleiter …

… Doch jetzt, im Todesschrecken angedockt, stak
im Wüstensand vor ihm da bloß sein *Taktstock*:
Der konnt', dass bald vorbei, was zeitlich, wittern,
so packt ihn für den Herrn ein weidlich' Zittern –
und er beginnt zu bibbern und zu schwingen sehr:
Ja, er, dem solches Tönen und auch Singen schwer,
und wandelt sich gar flugs in 'ne *Antenne* flott
(denn's Herrchen wäre sonst, auch trotz Geflenne, tot!),
fängt ein die Töne, die im All verschweben,
und wird sie flink zu eignem Schall verweben:
Ein Ticken, wie wir's bei *Pulsaren* fänden,
wird dieser Stab wie aus Fanfaren senden
und fügt (in gleicher Weise aufbauschend) rein
des *Kosmosgrundes Strahlung* in rauschend' Pein.
– Die Sonne auch, sie zeigt mit *Ausbrüchen* Flausen,
die erdwärts wie mit donnernden Flüchen brausen.
Ein übler Sturz (bloß Meteoriten-Sache!) –
als übte wer, mit bübischen Sitten, Rache:
Ein Klotz, wie eine jener schönsten Kratergaben,
wird in die Erd' sich rein, nah diesem Kater, graben.
Jetzt siehst (dank Dröhnens, des rau knatternden) fliehen
den Herrn der Wüste mit wild flatternden Knien –
der sonst ja heischt mit stolzer Mähne Ehren,
wird heut den Spott von manch Hyäne mehren.
Kein Staat mehr ist's mit unsrem Löwen machen:
Es hallt ihm Spott noch nach wie Möwenlachen!

Spezialistentum

Putzig zeigen sich die Bären wieder,
falsch der Glaube bloß, sie wären bieder.
Eises Bären, hier in weißen Pelzen,
heut sich ohne jedes Beißen wälzen,
sich am roten Ball gar niedlich freuen,
unsre drei, die putzig-friedlich Neuen.

Halte mich als Kluger, Guter fern,
hätten *sie* doch *mich* als Futter gern!
Da genügt's auf ihr Gebiss zu weisen:
Würden damit ja gewiss zubeißen!
Jeden Tag, Karotten, Hasen fassen –
das erzeugt wohl voll Emphasen Hassen.

Fort! – ich werd' dich jetzt zum *Panda* weisen,
dieser würd' dich nicht, o Wanda, beißen!
Ist gewohnt ein vegetarisch' Bücken,
Bär auch *er*, doch *ohn'* >barbarisch< Tücken!
(Übt sich voll Genuss im *Bambus*jäten –
nie doch Pandas um 'nen *Jambus* bäten!)

Uns, den Reimern, ist's ein Makel leider,
bei *Kultur* ist Panda-Lackel Meider!
Doch wir gönnen ihm die Jambus-Pause,
Feind sind *wir* dafür der Bambusjause …
Es schlemmt wohl nicht ein *jeder* im Bambus –
der Panda *schätzt* nicht Bäder im Jambus!

Apokrypher Franz Mittler?

– »*Was will von dir der Lackel, Moses?*
– »*Ein Wunder schick, ein makelloses!*«

Da mit dem HERRN im Bund er war,
gelingt dies Moses wunderbar,
wird er (gewisst wie!) einen Stein klopfen
und Zweifel dann, die gar nicht klein, stopfen,
dass Wasser raus gar fließe als Guss,
aus Felsen sich's ergieße als Fluss ...
Als endlich all die Kehlen feucht,
man bös, dass *Bissen fehlen* keucht.
Bloß allen würd' vorm *Manna* ekeln,
so hörst auch gleich die Anna mäkeln!
Nach *diesem* würd' *sie* nicht euphorisch langen
und Manna nicht, da dies *kalorisch*, fangen!
Auch stammt's, so meint sie, von der Schild*laus* (!) grob;
sie spende nicht für selbigen Graus Lob!
Doch endlich hebt Zippora die Tatsche,
beendet, Lob der Thora!, die Patsche:
Dort steht: es war des Mannas Bringer GOTT,
und schenkte damit (doch dann ging er) Brot!
– Auch fehlen ('s gab's doch in Ägypten lang!),
die Fleischgerichte zum geliebten Gang ...
Zudem auch wollen Frauen haben Gold,
denn machen grad nicht solche Gaben hold?
Auch fordern sie Viagra statt Manna sehr:
so hätten sie von Männern (hosanna!) mehr!

*(Selbst heut würd' einer wie der Moses leiden –
und könnt' beim Volk bloß* allzu Loses *meiden!)*

Keltenwelten

Ohne dieses da, sein *Kilt*gewand,
hat sie ihn bislang bloß wild gekannt.
Ja, ein Kilt hilft selbst die *Schotten* zähmen,
dass sich diese aller Zoten schämen,
's macht, dass Schotten sich erkalten fühlen,
wenn sie eines Kiltes Falten kühlen.

Ein *Dudelsack* weist *Pikten* die Schranken
– ihm leihen die Geschickten die Pranken!
Und gerne trachten sie zu dudeln,
wenn abwärts dachten sie zu trudeln,
wenn dämpfen jene schnöden, die Nebel,
bei Raben-Hungersnöten die Schnäbel,
wenn draußen in den Welten, kalten,
die Geister alter Kelten walten,
und auch die wilden Winde leben,
der Väter Mythen linde weben …
In sich wird jetzt manch Spötter gehen
und nach der *Gälen* Götter spähen;
wenn Dünste sich, die fluiden, drehen,
hört er zu *Lug* die *Druiden* flehen …

– *Doch reißt ihn raus an feuchtem Wegrand lind,*
das Tönen zweier Stück vom Hochlandrind …
… Nach derlei Schrecken Scotch *gern wählen Kelten,*
zur sachtren Rückkehr aus den Gälenwelten.
… (Solch einen gießen sich recht gerne Kelten 'nein:
Denn spüren weiter dann sie klamme Kälten? – Nein!)

Ein Friese aus der Vorwitzezeit

Dein Anblick ist, du *Ostfriese*,
dank deinem vielen Rost fiese,
und *blank* blitzt auch dein Visier nicht,
verdeckt dir Gegners Panier-Sicht …
… wirst falsch wohl weiterlaufen, heiter –
im *gegnerischem* Haufen – leider!
– Jetzt kannst dich hinterm Blech freuen,
darfst *eigne* Leut ganz frech bläuen,
mit Lanzen, auch dem Schwerte, fair
(selbst *den* auch, der *Gefährte*! schwer!);
gibst *eignen Kumpeln* Hiebe trocken,
in dir ja Rachetriebe hocken.
Doch schützen Kettenhemden ja voll Eil':
so bleiben die aus Emden ja voll heil!
(Bloß, wären solche Eisenhemden out,
säh's mürbe aus mit ihrer Emdenhaut!
So musst' man nicht Chirurgen bitten,
bevor sie heim in Burgen ritten …)

Und solltest du's nicht wissen, Fritz:
Das Ganze scheint ein Friesenwitz.
Ein *Rostreim* blieb' halt bei den *Schwaben* leer,
bei *Baiern* auch fiel's reimlich' Laben schwer.
Selbst *wenn* wir testen *Sachsen* wollen –
wie hätt' da Rost rein wachsen sollen?
Wie würden alle Friesen danken,
wenn's Rost nur gäb' bei diesen *Franken*.
Doch ist's mal so (und auch vom *Rost* fiese):
Er schüttelreimt sich *nur* auf *Ostfriese* …

Wir werden uns abringen den Toast:
Vermeidet auf den Dingen den Rost!

Befremden aus Emden

»O, ewiges und heitres Wien,
bist bald ganz ohne weitres hin!
Hier zählt nebst Trank ja nur die Liebe,
auch pflegt man lang ja nur die Triebe,
dabei nicht aufs Verschwenden pfeifend,
den Sinn um das Verpfänden schweifend ...«
... so meinen diese Fremden essend,
beim Weine, dem schon heurigen, feist
(den gern man auch den Feurigen heißt),
als säßen sie in Emden fressend –
ganz friesisch dort an Tischen voll,
mit Fleisch und viel an Fischen toll.
Ganz zügig siehst sie kauen dann,
was alles man verdauen kann ...
... und vor flink all die Stunden rücken,
geprägt von vielen runden Stücken,
die sie, weil diese munden, stachen,
was sie dann lange Stunden machen ...
Wird solches heim der Magen zahlen,
wenn Zähne ohne Zagen mahlen?
Doch Schnaps rinnt durch die Kehle dann,
weil helfen der Fidele kann.
Ja, Schnaps, der ist ein Meistergeist
und regt auch an die Geister meist!
Kannst *den* im Kleckerhemde befragen –
denn schon versprüht der Fremde Behagen:
»Bin *Wiener* nun, die achten auf das Leben,
vergessen nicht, die *echten*, auf das Laben.
Hier werd' mein Leben ich, das eine, wenden
und zechend lass ich's *hier beim Weine* enden!«

Friedhofsbesuch in Calau

Hier ruht der *Hubert Lebenbauer,*
war Seismolog' auf Bebenlauer.
Würd' heute sich die Scholle reiben,
er könnt's nicht auf, der Olle, schreiben;
hört' nicht von seinem Weib die Beben laut,
mit denen *weiter sie* am Leben baut.

Hier liegt Pilot *Franz Gattermeyer*:
am Himmel bloß ein matter Geier.
Wir mäkeln nicht (da er entleibt) weiter,
doch blieb er eisern unbeweibt – leider!
Zählt so zur hingerafften Schar,
der sinnlich' Leidenschaften rar.

Hier rastet *Adi Kindermann,*
so einer, der's bloß minder kann.
Auch sie war nicht, die Lene, trieblich:
fließt keine Kinderträne lieblich.
Hörst jetzt nicht munter Enkeln schwätzen:
Was wollten s' nicht mit Schenkeln wetzen?!

Stehst da grad vor *Alois Bleimschein,*
träg der Mann, von wegen Schleimbein.
Mag wohl sein, dass aber drüben
Lois sich wird als Traber üben.
Gott für *Pferde* auch den Himmel schuf;
so wird klingen dort manch Schimmelhuf.

Hier nüchtert aus der *Erhart Ilchmann,*
der schaute nie doch eine Milch an,
tat so, als ob sie nur ein Bier hätten,
so musst' man früh den Erhart hier betten.
Nur kurz scheint uns ein Menschenleben halt,
ein Klacks ist's dem, der unter Heben lallt!

Zu ihm hat man den *Erwin Pfeifer* gelegt,
der beim Tabak denselben Eifer gepflegt.
Sie ruhen hier *zu jung,* zwecks Schreck, zu zweien:
sind selber schuld – hat keinen Zweck zu schreien!
Kein Suff, kein Rausch – und *du* wirst lange leben,
dich an der Welt in voller Länge laben!

P. schläft hier: Würd' *nicht* zum Schütteln raten,
früh gar nahm er durch dies Rütteln Schaden.
Er hat Schüttler bloß *ins Leere* gereimt,
Bücher auch umsonst (ja röhre!) geleimt.
Presste Verse unter Grummeln aus der Tube,
die sich nicht mehr können tummeln aus der Grube.

*

Nein! Da musst' ich mein Verweilen enden,
weg vom Friedhof mich voll Eilen wenden.
Ist dies wirklich *alles so gewesen,*
bin ich, halb schon träumend, *wo gesessen?*
Werd' es auf (Papier ist ja geduldig!) schreiben,
weg den Alb so, bin es mir ja schuldig, treiben …

  (*für* SIGBERT LATZEL, *der uns die Idee zu*
  schüttelgereimten Grabsprüchen *schenkte*)

In Hamburg gibt's vielerlei …

… mag sein Hanseaten, welche rüffeln –
als auch Laureaten, welche süffeln,
auch Korn, den zwei Matrosen hieven,
und Bengel, deren Hosen triefen!
Von Flaschen liegt am Hafen manche Scherbe –
auch findest dort anschaffen manche Herbe,
und siehst in jener Stadt der Hanse (trocken
sind diese!) gar auch manche Transe hocken,
und hier am Flecke, die zwei Zwitter,
die schmückt zum Zwecke, die Zwei, Flitter …
… ob *sie* gerecht all diese »Dunkelschrift«,
worin man schräges Fiesgeschunkel trifft?

Nein: Hamburg, hier gezeichnet schüchtern nicht,
zeigt *mehr* doch als nur diese Nüchternschicht.
Kannst Wege, die sich schleppen, vertragen,
sollt's dich zu den Elbtreppen verschlagen,
siehst oben dann viel Nobelvillen stehen
(wird Neid um dich, wenn auch im Stillen, wehen);
von Blankenese hoch kannst die *Elbe* sehen
(es stiftete der Blick schon, derselbe, Ehen!):
Drauf gleiten in des Morgens bunter Röte
ganz majestätisch grade runter Pötte.
Und *mit* ziehst – Hamburgs Bilder wogen
in dir voll Kraft als wilder Bogen.
Bald wirst du nach der Speicherstadt gieren,
die Reeperbahn willst (obligat) stieren.
Nach Övelgönne wird dein Sehnen treten flott,
es peilt den Fischmarkt an nach deinem Fleetentrott.
Kannst dann zum Chile-, Jenisch-, Barlachhaus eilen,
denn Lieb' zu Hamburg lässt sich *nie* ja ausheilen …!

III. Es wird eng!

Aus dem kurzen Leben eines Krokodilmissionars

»Du sollst dich selbst als Kroko schämen:
Statt Menschen friss doch Schokocremen!
So kannst, statt ›Heinz mit Schlapfen‹, Cremen,
vielleicht gar Faschingskrapfen schlemmen.
Bei diesen wirst du sicher kälter, ›wirsch‹ –
in gleicher Weis' bei der Schwarzwälder Kirsch.
Mag sein, dass Puddings, Cremen, der du lausig,
die Fleischeslust dir lähmen, der du grausig.
Lass *Müsli* unter deine Zähne irren,
die spitz dich (wie bei der Hyäne) zieren …
Dann säh' ich dich (trotz Fleischesnöten strotzend)
nicht mehr aus Beutelust, der schnöden, trotzend.
Nachjagend hinter rohen ›Fleischen‹ verdattert –
zu *rasch* dein Leben wie ein Täuschen verflattert …
Siehst unterm Schilde denn die Kröte nicht,
die frei hier, bar der Beutenöte, kriecht?
Fleisch wär' wohl auch den Elefanten gräulich:
Gras speisen diese Eleganten freilich.
So lass dich schon, und sei nur wacker, bekehren:
's würd' Pflanzenkost sich, alter Kacker, bewähren …«

*

*Jäh tönt die Stimm' des Nörgel – »Schlumpf'« gedämmt,
weil's Kroko ihn (schon klingt er dumpf!) geschlemmt!
Jetzt wird ums Wasser bruchlos Stille wehen –
kann's Kroko gierig (wie's sein Wille!) stehen.*

Ein »Quergestreifter« türmt

A: Warum nur solche Hast und Eile, Mann … ?

B: Es kommt mir jetzt auf jede Meile an!
    Willst *weg* von Haftkasernen fegen,
    bringt nur ein jäh Entfernen Segen!
    Ich muss die Häscher *ab*, ganz keck, streifen,
    dass sie mich nicht noch vorm Versteck greifen,
    sonst würden auf der Stelle diese »Zecken«,
    mich wieder in die Zelle diese stecken.
    Sie ist, es scheint ihr Zweck, sehr enge,
    auf dass man sich ins Eck sehr zwänge:
    ist düster, ist ja so 'ne ohne
    ein Licht, das hell – ganz ohne Sonne!
    Doch ohne Helle bleibt die Sicht leer,
    und heller sei's: ich schätze Licht sehr!
    Sonst setzt mich, spukhaft, Schwiegermutter patt,
    weil einst durch *mich* sie ja kaputter, matt.
    – Ihr letzter Tag, der sollt' dank *Valium* tagen,
    und abends tat ich es mit *Thallium* wagen,
    denn *das* macht selbst die zähen Ratten müde,
    und killt dann, die schon allzu matten, rüde.
    Fürs »Muttchen« gab es dann kein Futter mehr –
    ich fand den Schmaus für Schwiegermutter fair!
    … Ist gar auch *deine* Schwiegermutter fies –
    bloß tauglich als ein *Tigerfutter* mies … ?

A: Komm rein, du darfst dir neue Kleider schnappen,
    die passen, 's wird auch ohne Schneider klappen!
    Dann scheinst du mir ganz sicher wohlgetarnt,
    bin *ich* durch deine Übel toll gewarnt … !
    (*Anmerkung: Des Autors Schwiegermutter war ganz prima!*)

*Hitchcock*ende Raben!

Diesen mürben Butterwecken
wird in finstrer Wut er pecken;
Härtres gar auch ohne Müh' beißt er,
ist da mehr als nur Debüt-Meister.
Bald schon weitere schwarze Recken
dort die Frau mit Warze schrecken.
Um den Baum sie kreisen, biegen:
möchten mehr zu beißen kriegen!

Ein Rabe wird als Erster schweben,
denn dieser gilt als Schwerster eben,
stürzt kühn im vollen Flug der nieder
(an Deckung schafft genug der Flieder),
um nach der Alten Nacken zu haschen,
und Fleisch dort wie vom Haken zu naschen,
von dieser denn *so wehrlos* alten Frau,
bedeckt mit vielen Knitterfalten rau.

Jetzt kreist sie mit den Armen, sucht Worte,
die aus dem Fundus einer Wuchtsorte:
Die lassen diesen Raben gar reifen –
und *er* wird an jetzt als ein *Aar* greifen
den nächsten Raben (welcher eben schwach),
mit *dessen Beute* schon entschweben (ach!) …

Wenn mit Händen *alte Damen* rucken,
heißt's (sie fallen gern aus'm Rahmen) ducken!
Weg eil! – bleibst sonst du an Hexen kleben;
hüte dich vor ihren Formelmengen,
zäh dich bannend in Gemormel-Fängen … !
    (… *darf die Feder sich vom Klecksen heben!*)

Es hängt an einem Haar!

Als Vater sollte Max sich zitternd beugen –
ein *Kind* tät' er (was recht verbitternd!) zeugen.
Doch bald ist Max, der Wicht, »genesen«,
ist sicher: »*Ich* bin's *nicht* gewesen!«
Tat bloß nach ihrem Näschen haschen
und viel doch nicht am Häschen naschen
und schaute nur in ihre Augen dann
und blickte tief sie, weil sie taugen, an.
Den Mund ich bloß an ihren Lippen rieb:
Ist's doch, was da aus Adams Rippen lieb!
Kann gut die Vaterkunde meistern,
tat tiefer kaum per Munde geistern –
in Rundbezirken nur (die verwirrenden,
auf Lüste wirken sie, die verzierenden!),
da aller meiner Blicke Sonde mehr
erpicht auf ihre schönen Monde sehr!
Tat's Röckchen *nicht* im Lüften heben,
um zärtlich unter Hüften leben,
hielt eisern bei dem Mädel inne,
begnügte mich mit *Edelminne* ...
... doch *mir* da (*au*!) jetzt glatt ein *Haar* rupfen,
könnt' zornig (wo sie mir schon rar!) hupfen ...!«

*

– »Beim *Gentest* wird dies *Härchen* melden:
bist einer nur der ›Märchenhelden‹!
Wird bald schon hier ein Kindel zuschweben –
gerupft wirst wohl den Schwindel zugeben!?
Ich war's!, das sagt jetzt dein Gesicht, so weiß –
ein stilles ›*Ja*' gib – voll Gewicht, *so sei's* ...!‹«

Günthers Läuterung auf Umwegen

»Will nicht unter *jeder* Meute leiden,
werde also *alle* Leute meiden.
Säh' ich wieder rüd' nur Massen hier,
so entfachte dies ein Hassen mir.
Möcht *alleine* nur auf Wegen gehen,
wo mir Laute nicht entgegen wehen,
wo nicht blöde gackernd runde Hennen
oder ewig bellend Hunde rennen.
Sollt' ich brüllen einen Stier hören:
wie erst würd' ein solcher hier stören!
Mag schon gar nicht lauschen, sehen Gänse,
besser wär' ein *dort nicht* Gehen: Sense!
Sind im Wadenzwicken grad doch Gänse Meister,
punkto ›Schreckenskräfte‹ recht immense Geister –
im strategischen Zusammenrotten flink,
bilden sie recht listig einen flotten Ring.
Höre jetzt sie aus den Nebeln schnattern –
und sie gleichen mit den Schnäbeln Nattern!
Wie geschickt sie mich gar einschnüren, ratternd,
und sich listig zu mir her rühren, schnatternd –
und auf meine krummen Waden schielen,
boshaft gar – voll bösem Schadenwillen … !«

Doch vom Schrecken soll ein gutes Ende heilen,
lassen wir den Bauern *her behände eilen:*
Stöckeschwingend jagt er weg alle Vieh-Pein …
… und dem Günther fort die Misanthropie – fein!
– Sollte alte Muster *in den Günther fahren,*
dann genügt's, zu Gänsin ihn und Ganter führen!

Sei gewarnt, Max!

Wer nett und gleich auch lebensklug ist,
ins Feuer nicht (wär' dumm!) noch Lug gießt,
wird nie auch unter Lügen, Tratschen
durch Tage voll Betrügen latschen,
an Miesem nicht – wie so ein Tor – feilen,
um Menschen bloß zu übervorteilen!
Es wird auch jeden Stress er meiden
und nie sich bis aufs Messer streiten.
Wird nicht sich für ein Luder regen
und sich für sie ins Ruder legen.
Berauben nicht, trotz Händeringen,
so Leut', die an der Rente hingen,
und die bei solch Beklauen greinen,
da heil noch ihre »grauen Kleinen«!
Ja selbst wer reichlich rauer sei,
empfände dies als Sauerei!
Verfemt sind ihm auch Morde sehr –
will *keiner* von *der* Sorte mehr!
(Es taugt doch bloß als *Journalisten*kram,
setzt einer meuchelnd einen Christen lahm –
kann sein, mit gleichem Grimme lausig,
murkst ab er zwei Muslime grausig ...)
– Er meidet Kerls, die sich nach Crack drehen
(nach »Stoff«, inmitten nur von Dreck, krähen) –
auch Gassen, voll mit düstern Lümmeln,
die sich verbrechenslüstern tümmeln ...

... s' wird Max bald, weil behände, weilen
zu Haus, wo stille Wände heilen ....
– Doch ist's nach diesen Schauern Lohn,
dass *Krimis* ihn belauern schon?!

Seltsames Credo

Die, welche gern als Hasser wüten,
sich vor geweihtem Wasser hüten.
Da hilft kein noch so reicher Segen –
die Predigt würd' »als Seich« erregen.
Der Priester wär' verlegen sehr,
denn blieb nicht all sein Segen leer?
Der Buben böses Credo, leise –
zieht gar bis nach Toledo Kreise:

»Ganz ohne Gutes, trägen Schritts,
durchs Leben ziehen schrägen Tritts,
durch Zeit mit Grimm und Grant schweifen,
nach Geld, bevor es schwand, greifen.
Vorm Safe kein Bessern heiser schwören,
stattdes auf gute Schweißer hören!
(Bewährt hat da sich: Bring den Kenner! –
der meistert dann als ›King‹ den Brenner;
sein flammendes Spektakel – ließ es doch
im Safe recht bald ein Paradiesesloch!)
Und Zaster *reich* wirst im Tresor peilen
und 's Geld bald ohne Müh' ›emporseilen‹.
In Säcke weit kannst alle Banknoten tun,
und Leben spenden diese ›Scheintoten‹ nun!

Ja, *uns* macht *nur* ein *solcher Glauben* reich:
In Nöten hilft bloß vifes Rauben gleich!
Wer will denn schon ein Glas, ein *leeres*, heben –
wofür nur diente denn ein hehres Leben … !?«

Ein Artist ohne Beifall

Ein solcher Geld, als würd' es kleben, rafft,
ihm schenkt, so scheint es, dies Erleben Kraft!
Die *Finger* sein durchhaschen Tiefen,
wo s' gierig Kies aus Taschen hieven:
Sie zeigen mal für Taschen Liebe,
gehören *keinem* laschen Diebe!
Es tastet dessen *Fingerschere* schwach,
und bietet Börsen, die recht schwere, Schach …
– Willst ab du *Scherenmacher* wehren,
musst *Vorsicht* als ein Wacher mehren –
damit wohl keiner da »Gott geb's!« kräht,
zu dir dann als ein *Taschenkrebs* geht,
dass niemand dich ansteuert per Schubser,
und keiner an dir scheuert per Stupser!
Soll niemand hin zu dir, dem *Freier**, kommen,
mit Augen, welche einem Geier frommen,
und deine Börse elegant heben
und einem Zweiten in die Hand geben.
Ein Dritter ist (perfider Wicht!) leider
ganz schnell damit, gar wie das Licht, weiter:
Fasst **1** und **2** man, bleibt es bitter – da *drei*
es sind, weil da auch *noch* ein *Dritter* dabei!

Ein »Epileptiker«(?) und auch »Skater«(?)
da naht: sei Skeptiker! – und auch »later«
bei Mädels, die sich sehr erotisch zieren,
und solchen erst, die sich ganz zotisch rühren!
Wie'n Leuchtturm lass ihn rund, den Blick treiben,
dies *soll* dein Diebesabwehrtrick bleiben!

(in der Gaunersprache: der Bestohlene)*

Die Kampfmönche

Ganz ohne alle kruden Fingerdellen
sie harte und selbst zähste Dinger fällen,
wobei solch Mönche gar ein Outen lieben,
bei dem sie sich in Kampfeslauten üben.
Da würde sie kein Höhnen stören,
weil wir sie blökend stöhnen hören.
Und bald wird's ihnen letzten Charme rauben,
dies künstelnd einen jeden Arm Schrauben,
als schnitten diese (dümmelnd!) die Lüfte,
in denen übel lümmelnd die Düfte
von Gasen, die aus ihnen schal kreuchen,
und welche weg sie mit der Krall' scheuchen …

Was soll ein »Kampf«, nur in der *Luft,* schenken,
statt Hiebe flott zu einem Schuft lenken?
Ja, schwer liegt Mangel in der Mönche Magen,
denn *Kämpfen* ist's doch, was so manche mögen:
Die Kampfeswut (worunter manche bös is') –
ist mal fürs Handeln jener Mönche Basis.
Umsonst die Wider-Schlagen-Treten-Bitte,
obwohl man *heftig* sich verbeten *Tritte* …!

Sollst schlichtend in des Kampfes Knäuel greifen?,
nein besser scheint's vor diesem Gräuel kneifen!
Kannst, Kopf nur schüttelnd, diese Worte speien:
»Dass *Mönche gar* sich solchem ›Sporte‹ weihen!?«
Doch lass uns *so* nicht, *hier* vor Ort, sprechen –
ich fürcht', dass Jünger sich des Sport' rächen!

Krisenmanagement

»Den Alltag flieh und geh auf Vierfachpneu-Reisen,
zu einem Ort hin, den du kannst als neu preisen,
um Menschen fröhlich hin zum Plauschen leiten
(um nicht wie sonst stets nur zu lauschen Pleiten),
wo schöne Worte heiter kannst du wechseln,
die fröhlich dann gleich weiter kannst du häckseln …«

– Wer ist's, dem *solche* Worte entfliehen lüstern,
wo wir: »Wie weltfremd sind die ›geliehen‹!« flüstern?
Wie können wir denn unsre Psychen atzen,
wenn Mieses uns nur trifft im »siechen Patzen«,
samt täglich neu geschaffnen lausigen Krisen,
uns aufgezwungen wie im grausigen Leasen?!

– Denn leidet, schau doch nur, des Walters Eh'
recht kriselnd – nicht nur an des Alters Weh?
Und *Manfred* kauert, voll der Schulden, im Dreck –
ein Leben muss er ja erdulden im Schreck;
der *Jörg* tunkt heftig in der Midlife-Crisis,
die Lust gar, *auch* der Puls ihm, so greif!, leis' is'!
Vielleicht müsst' er nur einen »Kittel mieten«,
und Unlust per »Belebungs-Mittel« kitten?!

Doch Sorgen auch an unsren *Frauen* nagen!
Sie steuern bei gleich die genauen Fragen:
»Werd' ich das Rauchen dann mit Falten reuen,
und werden diese meinen *Alten* freuen?
Der schaut zwar selbst aus recht verhutzelt, wilde –
doch klagt: »Wie bist du überwutzelt, *Hilde*!«
(Manch Mann gleicht einem Gast unter Affen,
sich schwingend rauf zum Ast unter Gaffen …)

In Krisen gibt's zudem bloß *rüde* Männer,
du findest dann nur altersmüde Renner;
Das kann man als »verheerend« melden! –
Doch *wo* gibt's, sich vermehrend, *Helden*?
Sie zieren der Romane Hefte, kein Scherz –
drin hat ein Mann für Schnöd-Geschäfte kein Herz!
Kannst schmökernd in solch Heft die Krise meiden:
Würd' sonst dem Autor an man's miese kreiden.

Verbannte *so* auch unsre Liese die Krise:
Es schickt' *die Krise in die Krise*, die Liese!

*

Man muss hier an, was fiese, kreiden:
Nur blank gen diese Krise fighten?!
– Auch fehlt dem dürren Text die Klasse –
und Tee hat drauf gekleckst die Tasse!

Soll's Übel ich, das so verhexte, beklagen,
ganz zornig über das verkleckste Behagen?
Ich will bloß voll die Seit' an Schüttelreimen,
darob mich dann von Fuß bis Scheitel rühmen.
Ich will nicht wieder euren Spott nähren,
die Seite gar aus Reimesnot sperren;
so müsst ihr noch so einen Reim hören,
dann, meinetwegen, geht halt Heim röhren!
In den sollt' ich euch ein die Krisen nähen –
ihr könnt, allergisch dann voll Niesen krähen!

Es gibt solche – und solche!

Schlag auf die Zeitung, gleich da diese, kräftig,
was lacht entgegen: eine *Krise* deftig!
Tat über vieles her die Krise fallen;
und wird daran sich dann ganz fiese krallen:

Wie strahlten einst in voller *Würde Banken*,
die heute unter Schuldenbürde wanken.
Warum auch sollt' man Banken *nicht* stützen? –
selbst *dir* wird's (weil's ins Auge sticht!) nützen!
Ließ' Geiz doch diese (was ja mies is'!) krachen:
Was sollt' der Staat sonst bei der Krisis machen?
Er holt das Geld dann rück von uns, den »Tauben«,
wird es per Steuertück' von uns denn rauben.
Erhöht, splendid, auch *seine* Schulden gar
um eine mächtig hohe Guldenschar.

Der Politik Ruf hörst, voll Stärke, wehen:
Seht Leute ihr die *kranken Werke* stehen?!
Erzeugte Geiz da nicht, ein Lumpen, Pein? –
der Staat wird's Geld dann unter Pumpen leihn.
Ins Plus wird 's Werk kurz aufgepäppelt reisen –
das sollst du *auch*, obgleich veräppelt, preisen!?

Gedanken magst du bös in der Kaschemme klonen –
(und viele dies vergebens schon bebrüten gingen),
denn *nichts* wird *dir* der Staat je zum Vergüten bringen,
der wird *dich nicht*, wenn *du* in einer Klemme, schonen
und würd' sich *nichts* aus *deiner* Krise machen –
er lässt dich *nieder* (ist's nicht miese?) krachen!

Die vertagende Heuchelmoral

Was alles du gemacht Narr,
das ist der reinste Nachtmahr:
Was musstest als Titan waten
in mörderischen Wahntaten,
nicht achten und auch trauen Grenzen,
als Raubtier nur ein Grauen trenzen,
dich unter Hasstiraden schütteln,
am Recht nur, unter Schaden, rütteln.
Bloß Mob dir zur Gemeinde fassen,
beklagend all der Feinde Massen,
recht viele gar im finstren Kerker »sichernd«,
und übers Weltwohl als Berserker kichernd.
Und hieß es früher: Hoch die Denker! –
so lobst *du lieber* doch die Henker..!
Hört auf, durch die Geschichte zu sauen;
es ekelt, solch Gesichte zu schauen!

Will man, dass _heut_ wo Recht verletzt, jeiern,
ist gern verpönt ein Hilfe-*jetzt*-Leiern!
Despoten darfst nicht Zeichen zum Wandel hissen,
wo wir uns *gut* mit ihnen *im Handel* wissen.
Kühn lassen wir sie bloß die *gelbe Karte* schauen,
genug sei dies: Sie werden an der Scharte kauen!
Dann lasst uns nach Geschäften zünftig gieren,
Protest mag Zeiten, die erst *künftig*, zieren.
Wer wird sich übers *Heute* machen für Sorgen:
Kritik am *Heute* – sind ja Sachen für *morgen*!
Vergangne Übel heut durch »Bußmessen« geistern,
das *Jetzt* (da störend!) wir mit *Vergessen* meistern!

Entmündigungsknebel Ideologie

»Schon immer tat *sie unser* Denken schrecken!
Jetzt breiten drauf sie im Beschränken Decken,
dass unsre Hirne bloß belämmert denken,
und müde dann uns, weil's nur dämmert, lenken.
Parteien-Sicht sie uns als Lanze geben,
die soll begleiten uns durchs ganze Leben,
und mag als Ampel hinter Weichen blinken,
dass wir am Pfad, wo all die Bleichen, winken,
dass unsere Gedanken, die vereinfachten,
auf alle Wegeweisungen gar fein achten.
Wie immer dann mag unser Bund heißen,
wir werden bös gleich Pawlows Hund beißen –
so *du* gar kündigst ›*unsrer*‹ Weltensicht,
dann schnappen zu wir – *und* nicht selten, Wicht! –
und prügeln ein dann wie mit einer Menge Ästen,
auf die, die sich in *fremden* Geistes *Enge* mästen.
Nur wir sind es, die *wirklich* Gutes meistern,
dass Leut' zu uns voll frohen Mutes geistern!
Nur *uns* umfließt der Lichtauren Edelschein,
denkst *anders*, hauen wir dir den Schädel ein!«

Man muss nicht dieses Bild noch extra polieren,
Geschichte zeigt, was 's bringt im Extrapolieren:
Ihr sollt bequem nicht in die Fänge eilen,
grad derer, die an Geistes Enge feilen:
Es landen viele, die sich nicht in Acht nahmen,
gern böse dann in der Tyrannis' Nacht – amen!
Ihr sollt euch früh schon gegen solches Enden wehren,
denn Nachwelt schenkt ja keinem Müdbewenden Ehren!

Wehret den Anfängen!

Nicht immer nur servil den Rücken knicken,
sonst heißt es allzu bald mit Krücken nicken!
Es wär' dir zwar 's Erwidern keine Bürde,
zeigst trotzdem durchs Anbiedern keine Würde!
Dein *Heute*-Lob ist dir ein »helles Schnäppchen«,
ein »Arrangieren« bloß ein schnelles Häppchen!

Von *deiner* Freiheit schneiden s' runter Scheiben,
bald kannst die Übergabe unterschreiben!
Sie wollen Menschen »von der Stange« bauen,
in denen sich Ideen, nicht bange, stauen,
die an Konsum und an die Schank denken,
der Obrigkeit bloß bruchlos Dank schenken,
hervor *bejahend-braves* Nicken kehren,
und geistig bloß sich nur vom »Kicken« nähren,
befangen nicht vom Gut-und-schöne-Tick,
und ehrend nur die platten Töne, chic …

– Hör auf so faul, du trüber Tropf, zum Knotzen
und drück ihn endlich schon, den Knopf zum Trotzen,
und lausch bloß nicht auf Ideologen, trocken –
denn dürfen *die, die uns schon betrogen*, locken?
Sind doch solch Utopien *nicht* lässlich,
ist »Geist«, den sie geliehen, *nicht* pässlich!
Es folgt, *verschenkst* du deine Rechte, die Knute,
es bleibt dir dann, als dumpfem Knechte, die Rute;
sie suchen ja in Dingen *ihre* Zwecke,
und wollen dir aufzwingen *ihre* Decke.

Der Worte sprich nicht viel, doch *wuchtig*:
Sie seien *nicht servil*, doch fuchtig … !

Einäugigkeit!

Ja, unter so manch einem roten Zar,
da waren selbst die Magerzoten rar,
war nichts da wohl zu machen, leider:
der Staat war stets im Lachen Meider!
Ins Volk was gar an Witzen senden –
das brachte ein Zum-Sitzen-Wenden,
dort wo Systemes Häscher wüten,
in finsteren »Hirnwäscherhütten«,
und Kerle auch, die so verrohten, dann
den Eltern dein recht Finstres drohten an.
Fielst runter bald auch im Beruf die Stiegen,
wo werkten auf der tiefsten Stuf' die Riegen ...

Der Staat gab *vor* den Leuten das Denken,
behielt sich vor durchs Deuten das Lenken!
Es sollte das System fürs »Heil« walten,
musst' also eine ganze Weil' halten.
Dein Leben war durch dieses Planen matt,
die Freude dein durch Dauermahnen platt!

– »*War's nötig gar* zu Tod' *(an Mauern) schießen,
wo doch die Täter hätten* schauern *müssen!*«

– »Wo gibt's denn nicht auch *Schatten*, bitte, Mängel!«,
behaupten weiter in verbohrter Wut gar
und kontern noch in unsrer Mitte Bengel,
dass des Systems Idee *im Grunde gut* war,
und werden weg ('s macht sie nicht weich!) blenden
die Opfer, während wir uns bleich wenden
von diesen altsemestrigen Geistern,
dies 's Denken nach dem Gestrigen meistern!

IV. Affetto ed amore!

Geduld vor Huld

Pass auf, o liebes Mädel, achte,
ob er's auch wirklich *edel* machte –
wird raus er aus dem Tross ragen,
in edler Hand die Ros' tragen?,
gepflegt bis in die Scheitellagen,
und niemals sich nur eitel schlagen!
Wird feine Worte dieser wählen
und *innre* Werte dieser wollen?,
denn der, der seicht nur kann plappern,
will rasch dich bloß nach Plan kapern!

Nimm einen, dem schon Küssen golden
und ein ganz zartes Kosen gülden.
Der wird sich nicht nur eines Leib' wegen,
sich allzu bald zu einem Weib legen …
Beäugt jedoch bei Tages Nüchternschein:
Willst den, der bloß sich gibt nur schüchtern? Nein!
Als Frau willst kaum ja über Liebe trauern,
wenn da nicht auch recht wohlig Triebe lauern!
Auf Dauer diese sublimieren zag,
nur Mönche und auch Nonnen zieren mag …

Die Hoffnung wird (dir scheint's nicht fair!) schwinden,
denn *solch* ein Jüngling wird sich schwer finden.
Erfolg nur hat, so glaub es mir, ein »huldig' Ding«,
sofern an Fährten zäh es und *geduldig* hing;
wird einen dann, der männlich *und zart*, küren,
mit solchem kann es sich, *à la carte,* zieren!

Wenn die Jahre gehen

»Willst Lieb' in Zeit und Raum binden,
so dienen gut da Baumrinden.
So lasst uns nach den Bäumen suchen,
und einen ohne Säumen buchen ...«

... Ja, ganz so sprach das Pärchen milde,
das gleichend einem Märchenbilde.
Die Schritte sie geschwinde lenken
und hin zur jungen Linde schwenken,
die möchten sie als Rahmen nützen,
in sie gleich ihre *Namen* ritzen.
»Rundum ein Herz!« – ja *sie* begehrt's (höre!),
die, welche seine süße Herz-Göre,
umritzt die Namen dann, obwohl bieder,
mit edler Liebesdrang Symbol wieder.
Und letzte Blicke sie der Rinde leihn,
dem, was sie kerbten in die Linde rein:
»Der Baum soll Lieb' und Treue retten,
wenn hin wir voll der Reue treten ...«

Die Jahre machten sich geschwinde leer,
und beide fanden *ihre* Linde schwer,
denn Wachstum ist des Baumes Stamm eigen,
auch hemmt kein Kerbe-Herz ihn am Steigen.
Gar *hoch* sie Hände tastend heben, schwören –
und treue Worte kannst jetzt schweben hören:
»Und weiter soll uns innig Liebe tragen,
in Jahren auch, wenn mild der Triebe Lagen ...!«
– So taten s' (streckend *hoch*!) ein Gleichnis zimmern:
Das sollt' in jedem Glücksverzeichnis glimmern!

Ein weites Feld!

Stapft *kühl* die Gattin hin zum Bibelabend,
wär' lieber ihm, mit dieser »Babel übend«,
doch Lenas frömmelnd-müder Weltengeist,
der lässt ein *solches* ja nicht gelten, weißt!
Denn seine Frau ist mal ein *Lichtwesen*,
will nur, was *nicht* von *Leicht*gewicht, lesen,
wird all der Bibel Sittenloses meiden,
Entzug ja nicht an Büchern Moses' leiden.
Sie lässt, was drinnen, als abstrakt enden –
ihm wird's Signale, die vertrackt, senden,
und lässt das Denken dann, das seine, münden:
»Ach wären diese doch auch *meine* Sünden!«
Denn Gott tat mich halt mit ›Gebrechen‹ rüsten –
ich will mich nicht mit einem Rächen brüsten:
Doch *wie* nur könnte *Lust* ich denn meiden heute –
beim Tollen von des Moses' Halbseidenmeute?!
Tat Bibeltexte meines Weibes lesen,
doch jetzt rumort's in meines Leibes Wesen,
ich hör' in mir recht zäh den Alb da klagen:
»Wie schön des Moses' Leut' ums Kalb da lagen … !«

Doch noch vor einem weiteren Hasten im Reim,
kehrt rück die Holde – *nicht* zum Rasten im Heim!
Tat heute bei Madame *Potiphar* weilen:
Sie will mit *ihm* jetzt dran, *wie* es war, feilen!
Ja, *solches* hat nach all der Bibel er nötig,
und Lena macht sich, recht penibel, erbötig.

Die Bibel kann uns viel beim Lesen geben –
und schön ist's, ihre Exegesen leben!

Barocke Freuden

Ihr Haar gleicht einem Mècherwedel,
bald wurd' ihm diese Pracht ein Segen
und sollt' sich ihm, nicht sacht, einprägen,
denn *heiß* liebt er das Wäschermädel!
Beim wilden Haargewühle keck,
geht ihm dann letzte Kühle weg,
bedeckt er dem sonst leisen Weib
mit Glutgeküss' den weißen Leib –
und öffnet voll der Hast er Bügel,
legt frei die Alabasterhügel;
stand gleich ihm nach der Feschen Wille:
er schätzt in Unterwäschen Fülle,
wird ihre weiche Wonne lieben,
und's Schmiegen mit Gewinne loben –
umwoben zart von ihrer Aura Glanz,
so liebt er diese pralle Laura ganz … !

Fürs Dralle blieb er leise geprägt,
hat Pfade (die man preise!) gelegt.
Er liebt nun mal ein *fraulich*-rundes Sein,
ins Herz blickst da, in ein *gesundes*, rein.
Bei Frauen, herb, die keine Weiten prägen –
da solltest ab des Lang' und Breiten wägen!

Recht vielen sind die Schlanken recht,
doch taugen ihm die Ranken schlecht;
sah Mannequins, die dürr-regen Stöcke,
vorzeigend auf den Laufstegen Röcke …
Er möchte *nie* so Blank-*Skelette* – nein!,
denn *Laura* kann ihm Reize (nette!) leihn!

Auf (zu) glattem Parkett

Sie sandte *Bernd* gleich Blicke voll Glut:
Ihr Herz ist, sehr zum Glücke, voll Blut!
Nach *Bernd* musst' sie (obwohl sie eh'lich) schmachten
(für ihren Mann gab's nur ein schmählich' Achten!)

Beim Tanz, wo heftig sie die Lüste banden,
siehst Bernd du jäh an ihrer Büste landen.
Sein Blick rutscht tief gar in den Ausschnitt –
was drinnen da, wir mahnen: schau's nit!

Und schon siehst diesen Lüstling holpernd stocken!
Sie lässt ihn weg ganz ohne Klammern jagen:
Am Boden unten wird er, stolpernd, hocken
und heftig dort dann unter Jammern klagen.

Fiel plötzlich hin aus seines Tanzes Glück,
nicht allein wegen Bodens Glanzes-Tück'.
Liegt dort dann unter Käferkrabbeln brach;
sie schlägt bloß giftig, unter Brabbeln, Krach.

Schnell ging die Minne (nicht allmählich!) unter
– ihr Lieben wechselte auf eh'lich munter:
Wird frostig sie die »Akte Käfer« schließen
und Spott auf den so schlappen »Schläfer« gießen … !

*

Musste er in Tiefen *Augen senden?*
Kann fatal so'n Augensaugen enden!
Und Bernd, du weißt es jetzt: es schafft Kränken,
wirst Augen nicht auch der Fliehkraft *schenken!*

Dem Manne – kein Mannequin!

Sag endlich mir, du Resche, wann
lässt du mich an die Wäsche ran?
Soll balzend ich im Triebe laufen,
so ferne jeder Liebe Traufen?

Vorm Aug steht mir dein Leib ja wieder,
dem sende ich, o Weib, ja Lieder:
Ich will ein Weib, ein volles, lieben,
an *der* kann ich ja vieles loben!

Ich kann mal Pralle, Nette leiden,
würd' *keinem* Models (Skelette!) neiden,
die leeren Blicks am Laufsteg trumpfen
(die Klappermähren, die Träg-Stumpfen!)

Ihr Blick scheint mir ein ödes Blenden,
ihr Sinn, er treibt in »blödes Enden«.
Sie schreiten affig, automatenhaft
in ihres Geistes, eines matten, Haft.

Und ein Posieren sie auch zackig ziert:
O, wärt ihr lieber doch statt zickig zart!
– Wo Haut euch nur und Knochen eigen,
wird's Herz mir *nicht* zum Kochen neigen!

Klamotten euch wie um die Stangen wehen –
wer will mit euch schon Wang' an Wangen stehen?!
– Gern *wir* im *weichen* Schmiegen lachten,
statt bloß im harten Liegen schmachten!

Romantik und ihr Abgesang

Helene nicht als Nackedei prunkte,
doch Hans trug Schleifen, drauf ja drei Punkte,
und lobte, was ihn voll Gewinnen ehrt,
des »Entleins« fraulich-sanften *Innenwert*:
So schenkt' er mehr ihr als nur einen Schmatz,
gelobte: »*Dich* nur gibt's als meinen Schatz!
Ach, würden meine Augen (rau) denn taugen –
sie sagten mir, ganz klar, vertrau den Augen,
den *deinen*, leuchtend wie Juwelen mir!
Lass herzen dich, im Mai vermählen wir
uns, dass ich sei als Mann der deine,
dein schöner Leib sei dann der meine. –
Ich will mich nicht mehr lieblos, ledig nähren,
Romantik soll uns bald Venedig lehren.
Lass hin uns (schön ist's ja bei Paul Flora!) rattern,
wo Raben, krächzend, schwarz zu Aurora flattern,
und lieblich Wasser queren tausend Brücken,
von manch Canale dort mit brausend' Tücken,
wo in den Lüften nur die Liebe driftet
und zauberhaft wohl alle Triebe liftet …
Sein werd' ich dort dein Kavalier stets wieder,
dir singend aus Amors Brevier stets Lieder,
für dich, voll heißer Glut, Elogen denkend,
wenn Schritt' wir zum Palast der Dogen lenkend …«

Nach Jahren fällt er dort ins Wasser nieder –
egal ist's, ob er kommt als Nasser wieder!
Und bald wird sie Venedig denn lassen,
zurück lässt sie (jetzt ledig!) den Nassen …
… »Ja, dort, wo immer sonst der Boote ›Stand‹ –
grad diesmal keines zu Gebote stand …!«

Optimierung

Alterskühl ist er, der reinste Schnee-Mann,
solchem musst du dich mit Charme & Schmäh nahn,
darfst nicht lieblos oder blöde sprechen,
wird »der Knacker« dann (nicht spröde) blechen!

Schätzst du etwa feinen Nerz da hoch,
schenk ihm mehr von deinem »Herz« da noch.
Denn ein Nerzchen wird behüten warm,
sollt aus »Feuer«-Mängeln wüten Harm!

Lüstern bloß sind jener »Oldtimer« Augen,
er wird nichts (ist ja schon im Eimer!) taugen.
Wo du noch an ein Verhätscheln denkst,
ist der Alte nur beim Tätscheln Hengst!

Ist, was da du greifst im Tappen schlank,
schuldest ihm nicht mehr als schlappen Dank.
Wirst dich trotzdem nett und hold geben –
kannst ans Licht du manches Gold heben.

Edles gar an Steinen, Ketten, Ringen
dann für dich da wohl zu retten gingen.
Singst gar einer noblen Wohnung Lieder,
schenkt er dir sie zur Belohnung wieder.

Liebst, statt *dem* so *alten* Herzen-Mann,
dort den jungen, frischen »Märzen-Hahn«!
Der vertreibt dir alle Schatten, Mängel:
ER hat ja noch keine matten Schenkel!

Marilou & und der (abgekühlte) Lustmolch

L: Du sollst die Möpse nicht durch Zwänge drücken,
und deine Süßen durch Gedränge zwicken,
denn ihnen ist, so glaub es, der BH ein Joch,
schenk *mir* ihn doch, ich schick' *dir* dafür ja ein *Hoch*!
(Die Spende gält' mir auch als ethisch fein:
in meine Sammlung ging' s' als Fetisch ein!)
Auch lüstet, scheint mir, unter Blusen bang,
nach Freiheit deiner Pracht als Busen blank.
Ich spielte gern BHs zart tragende Roll',
wär' dann der alle überragende Troll
und würd' die Vollen bis zum Ende heben,
denn Schalen formen meine Hände eben …

M: Ein NEIN – denn bliebe deine Bleibe *lang*
an meinem Obenohne-Leibe blank?!
Wie zähe würde schon dein Hang leben,
wo du ja Meister nicht im *Lang*heben!
Auch *da* wärst bald du wieder *schlapp*, Knecht,
das wär' (Geduld, die ist mir knapp!) schlecht.
Bleib' *dank* BH *autark*, du Schlauer,
bin *freier* so *und stark*, du *Lauer*!

Dies sollten auch <u>begreifen</u> die Rauen:
es wissen das die Reifen, die Grauen!
Begreifen diesen als <u>Verstehen</u> gilt:
Der Frauen Ärger solch Eingehen stillt!
Man trenne <u>beide</u> Begriffe weise,
so sagen Kenner – und vife (!) Greise!

(Weg wird nun »Busens Wächter« schleichen,
siehst ihn – der wär' ein Schlechter! – weichen.)

Ein klassischer Puber-Täter

Wozu denn auch so einen Ringabtausch,
wo ich ja gleich mit meinem Ding abrausch'.
Fürs Lieben sei das Waldesgrüne Basis,
romantisch immer doch als Bühne Gras is'!
Hoch oben decken Tannennadeln dicht,
des Lichtes Mangel will ich tadeln nicht,
denn grad im schummerigen Dämmerlicht,
da kuscheln sich nicht bloß die Lämmer dicht!

Wird Kathi dann wohl ohne Wehklagen
sich in den saftig-grünen Klee wagen,
damit ich endlich (ohne Zeugen)
kann nach der »heißen Zone« äugen!
Kein Reh kann uns, kein Hase foppen,
sollt' her was in der Phase hoppen.
Doch sollten gehen um zwei Schratten
(und geistern *so* gar 'rum zwei Schatten),
dann wechseln wir fürs »Küsschen« die Flur,
genießen halt beim Flüsschen die »Kur«.

Im Wald, in herbstlich bunter Au,
erforsch' ich ihren Unterbau,
doch pass' ich auch aufs Droben auf,
denn viel hat's Schätzchen oben drauf.
So werd' ich linsen diese Zonen,
mit üpp'gen Zinsen diese lohnen:
wird sengen uns wohl Glutes Hitze sehr,
die kommt aus unsrem *Herzens*sitze her.
– Wie schön ist es, für hübsche Frauen lohen:
Ein Lob für alle gar nicht Lauen, Frohen!

Handle with care!

Zwei lüsterne Korinther fingen sacht,
verheißungsvoll der feschen *Sphingen acht*!
Man musst' sie nicht, da zutraulich, fragen,
konnt' locker weg sie, die fraulich, tragen.

Musst' stützen auch kein Mieder die Busen,
sind gegen sie selbst bieder die Musen.
Doch konnten strafen sie mit Tadelaugen,
so könnten sie auch unterm Adel taugen!

Denn prägte stolz nicht eines *Löwen* Leib,
die Sphingen mit der Lüst' Elevenleib!
Bloß bald schon neben Küssen, die schmatzen,
mit Pranken gern sie schmissen, die Katzen!

Auch scheinen uns sehr eigen diese Frauchen,
wenn (gar zu acht im Reigen!) diese fauchen!
Die Griechen wird ein Ich-Bereu's zieren,
das sollte selbst den Vater Zeus rühren:

Einschaltend sich mit links in die Sphäre,
schickt grau er jede Sphinx in die Leere.
Seit damals aller Sphingen Steinaugen
und Brüste prall wohl mehr zum Schein taugen ...

Sind *jetzt* nur *Scheinbar*frauen, die steingrau,
ist *ohne* Löwengrauen die Steinfrau ...
– Schau: kecke Mädeln für die Eh', drüben ...
grad bei den Sphingen deren Dreh üben!

Die Menge allein bringt's nicht!

Kein Grund sei es zum Nasenrümpfen,
dass tanzen nackt am Rasen Nymphen.
Doch streuen s', ohne Schläue, *Strümpfe* –
es sahen dies Gestreue Schlümpfe!

Wer stahl dann Strümpf' vom (Schimpfe!) Strand,
wer nur beging solch Strümpfe-Schand?
Im Wald sah heut man jene Schlümpfe streichen,
sah sie (in ihrer Hand die Strümpfe!) schleichen.

Sie mopsten auch noch Höschen, gar nicht träge:
patent sind Blaumütz-«Häschen» – gar nicht dröge!
»BHs«, so meinen s', »sind der Brüste leid,
und *die* grad schenken Schlümpfen Lüste breit.«

Sie kehren heim dann mit den Trümpfen zur Nacht,
die bisher unsren holden Nymphen zur Tracht …
Ihr meint, dies sei ein Bild ganz ohne Würde,
wenn Nymphen oben frei – ganz ohne »Bürde«?!

Denn splitternackt – da glichen die, recht rüstig,
dem Mythos alter Griechen, die recht lüstig …
… wär's so, dann würden Wälder unter andern
auch Scharen, die schon älter, unterwandern.

Könnt' dann man *Alten*gruppen denn trauen,
betulich-braven Truppen, den grauen?
Denn gierten Alte, nah den Sümpfen, nicht
auf *mehr* als eine blanke Nymphensicht?!

Denn frivol ist Alten leider das Wesen –
üben wir mit Schlümpfen weiter das Lesen!
… Klagend tönt's da wie beim guten Schneewittchen:
Schlümpfe sind ja *Zwerge* bloß: O-weh!-Schnittchen!

's fehlt euch Schlümpfen *mehr* als nur die *Größe* bloß:
Punkto Frauen ist ja eure Blöße groß!
Hört auf mich, ihr, die ihr ja die Pimpfe schlau:
Darbt halt als *Fetischisten* im Schlümpfebau!

Doch *woher*, fragt voll Schläue diese Nymphe,
kämen *sie* dann aufs Neue, diese Schlümpfe?
Fehlten Schlümpfen doch die Weiber leider,
nichts geht ohne deren Leiber weiter!

Denn *selten* scheucht ja die *Schlumpfine* den Mief,
wer spendet ihr in heitrer Miene den Pfiff!?
Und keiner auch wird *sie* ins Pilzhaus locken,
allein dort, »verdörrt wie eine Laus«, hocken!

Man müsste weit sich durch die Sümpfe schlagen,
zu hören dort, was jene Schlümpfe sagen.
Vielleicht ist's auch, dass bloß ein schwules Geben,
die Schlümpf' durchs Leben lässt, ein cooles, schweben?

Wie kämen her dann alle Jungen, nicht dämlich,
im Dorf da lebend – und wie's scheint recht dicht nämlich?
– Wir wissen's heut, aus neuen *Stasi*-Quellen,
ins Leben tat *Peyo** sie quasi stellen:
Sein Stift sollt' raus auch Menschen-Beute *locken*
– im Stasiland, wo lustfrei *Leute bocken!*

(** Schöpfer der Schlümpfe*)

Baltisches Sittenbild

Ich werde diesem dreisten Letten
mal fest in seine Leisten treten,
weil ich so einen Letten, bitte,
nicht grad in *meinen* Betten litte!
Wenn Meine sich der Stätte naht,
so sei's für *mich* nur nette Statt!
Sie sollt' nach *mir*, »dem Alten«, brennen,
statt kopflos zu den Balten rennen,
wobei sie nach den schlanken Esten brennt,
weil dort es, sagt sie mir, »am besten rennt«!

Es seien zähe Esten besser,
weil sie beim Fleisch die besten Esser,
bei Wodka sind's (wie lieblich!) trocken,
weil *frisch* sie gerne trieblich locken.
Doch würde ich (ja leider!) wetten,
fürs Frauchen gibt's auch weiter Letten,
auch Litauer, dank Weibchens Reizen gar,
weil immer da ihr jedes Geizen rar!

Doch Ehen können *auch* wir *Alten* brechen,
so werd' ich mich für all die Balten rächen!
Auf dass ich nicht in Hauses Dock erlahme,
lach' an ich mir so eine Lockerdame,
halt' eine mir von Weibes Kaliber fest,
weil solche mich im vollen Triebfieber lässt …
… dies scheint mir eine rundum runde Sache,
zugleich ist's auch wohl *die* gesund*e* Rache!

*(Doch Schuld trifft nur den REIM, dass da wieder Balten
in des Gedichtes Zeilen nicht bieder walten!)*

Endlife-Crisis

Sollte *nie* dich Hast und Eile zieren,
kannst dich sonst in Hauses Zeile irren!
Wäre ja (in Gottes Namen!) dämlich,
wirken dort doch grelle Damen nämlich;
würden Arme voll Geglühe breiten,
würdest so in Pfuhles Brühe gleiten,
könntest ein mit Herzens Pochen knicken,
müsstest dann die alten Knochen picken!
– Tugendstark sollst *du* im Leben nisten,
sonst stehst *rasch* auf Teufels Nebenlisten!
Stehen manche drauf, die zeppelnd irren –
brauch' dies Bild nicht noch, veräppelnd, zieren!

Bald bist *du* auf deiner *großen Reise* –
schenkt man *da* noch *rote Rosen*, Greise?
Wenn in dir auch letzte Triebe lauern,
solltest nicht so um die Liebe trauern,
könntest lieber in den Spiegel sehen,
um darin der Jahre Siegel spähen.
Auch fehlt Charme dir, Späterreger, Schratt:
Zeig Charakter! – so mein »schräger« Rat!
Ist's vom Alter dir beschieden: Frauen
sollst du *wunschlos* jetzt, zufrieden, schauen.
Denen bist du nur ein Knacker alt,
welche Tod bald in den Acker knallt …

Sucht jetzt eine Frau gar deine Näh' wieder –
schreib ich dir recht schnell da ein O weh! nieder:
Acht gib, dass nicht *dich Witwen blau* kapern,
rasch würde sonst dein Knochenbau klappern …!

Wiederbelebung in Mainz und anderswo

»Alle die so süßen Miezen
leider stets nur siezen müssen;
unter Schicksals Hieben lungern,
und nach Fraun, die lieben, hungern …«

(So spricht Heinz, der heut der Liebe blank:
Schlimm wär's ihm, wenn so es bliebe lang!)

»Gut tut's wenn ich eine holen werde
aus der Damen so ›frivolen Herde‹ …
Doch zuerst noch schnell ein Stamperl Schlehen,
kühn dann hin, wo all die Schlamperl stehen,
dienen dort ja niedren Lüsten Weiber,
offerierend ihre wüsten Leiber,
drückend dich an sündige Hohlwangen
– viele sicher nächtens dort wohl hangen!
Manche bieten pralle Brustfreuden,
zählen zu den Antifrustbräuten.
Lockt nicht auch mit drallem Po die eine,
doch es gleichen einem O die Beine …!«
… Aber Heinz schätzt diese Miezen sehr,
denn bei ihnen gibt's kein Siezen mehr!
– Ist der plappernde Heinz ein *Einzel*mann?
Ist selbst *hier* nicht, in Mainz, ein »Einzelhahn«!
– Typen, die zu Damen läufig hasten,
tragen Frust und allzu häufig Lasten.
Kerle sind's, auf die das Leben fest einschlägt,
dass sich solcher da zu Damen (mit Schein) legt,
die ihm dann der Liebe Lieder weben –
und in *ihn* kehrt *rück* dann wieder Leben!

Kartendamen und andere

Damen, die mit *negligeablem Latz* säßen,
pflegten anderes, als im Kaffeesatz lesen,
werden nicht in dem, was dir vergangen, leben,
jetzt dafür Zuwendung dir des Langen geben.
Brauchst nicht lechzend dort nach dem, was künftig, zucken,
darfst bei ihnen alles, was da zünftig, gucken,
preisend singst dann ihres schönen Leibes Lied –
nein, da gibt es wohl kein Fünkchen Liebesleid!

Mag der *Karten Herzens*dame auf Lauer
liegen – sag, *was* gibt die Lahme auf Dauer?
Rein sich in der Damen Kartenkral schmiegen?
– Würdest solche nur, die kartenschmal, kriegen!
Bei den *echten* Damen kocht dein Blut gleich,
bei papiernen bleibst du, ohne Glut, bleich!
Kartenmädels nicht, sollst *echte* Damen legen –
oder hast du gar schon einen lahmen Degen?

Wenn sich Triebe dir, die bloß noch schal, stauen,
kannst auf Herz- und Treff- und Karo-, Pikfrauen
als ein geläuterter Damenfreak bauen!
Auch empfähle dir sich ein Kristallschauen:
Erstmals wirst *dort* ja die Adele sichten,
die lässt bald dich aus voller Seele dichten.
Denn sie gibt sich ja, in punkto Weib, ganz leise
und erscheint dir, da sie »ohne Leib«, ganz weise:
Wird im Geben streng vermeiden die Sinne:
wär' ihr sonst gar *schon* »halbseiden« die Minne!

Stripperinnen

Ja, sie geben Halt und heben Lust,
auch bei manchem, der aufs Leben hust'.
Bei den Eignern fetter Scheckkarten
solche gern sich flott und keck scharten,
setzten sich auf deren Schoß – ohne Gram,
blickend aus den Augen groß – ohne Scham,
hoben, scheint es fast, voll Glück die Tatzen,
streichelnd dann in zarter Tück' die Glatzen,
diese blanken noch sogar zum Schluss küssend,
die Betörungen mit diesem Kuss schließend …
… denn ihr Durst, der lässt nach einem Sekt flehen!
Winken kannst die Männer, kussbefleckt, sehen,
kannst sie Sekt auch schon bestellen sehen:
Bald wird er vor den Gesellen stehen.
Trotz des (wegen seines Preises) Grimm' können
sie sich diesen Sekt von ferner Krim gönnen,
lassen ihn durch Kehlen, diese Tröpfe, gehen:
wenig nicht – bis dass sich ihre Köpfe drehen!
Viel der Witze, Zoten diese zechend sprühen,
dann die Börse jene, kaum mehr sprechend, ziehen.
Krumm sie unter fetter Rechnungs Hiebe lungern,
und vorbei scheint jetzt ihr Heiß-nach-Liebe-Hungern!

*

Steigst wohl trübe, der Moneten bar
und allein *dann in die Betten, Narr!*
Lieb' sei mehr als nur beim Strippen Gaffen,
und wie tat dich *dein Vielkippen strafen!*

Bist kaum besser als des Sexladens Kundschaft,

die mit heißen Augen nach Billigschund gafft.

Wärst beweibt, lebst nicht *im »Entzugsschmerzenshaus«:*
Ja, so sei's! – das wäre wahrer Herzensschmaus!

Erotosophisches

»… 's Auto, warum dreht am Straßenrand er's um?«
– »Weißt, der sucht *nicht Damen*, der ist anders rum!
Uns nur produziert sich dieses kleine Beben,
wenn die Augen starr am Frauenbeine kleben,
etwa dieser (schau sie an!) Nymphe stramm,
welche so pikante Netzstrümpfe nahm!
Werden niemals über lange Wimpern klagen,
welche über heißem Aug' ein Klimpern wagen …
– Wo wir, angesichts des weiblich-runden Segens,
bald ja »Opfer« sind des so gesunden Regens …
… hat der Autowender junge Knaben als Laster,
welche – ganz so scheint es – ihn halt laben als Knaster:
Denn nach solchen jene ›andrer Fakultät‹ spechteln,
während wir mit Frauen ja von früh bis spät techteln,
tragend dank der Vamps (sie sind wie Rosen!) Lasten:
Doch wie schön ist es bei diesen Losen rasten –
immer neu nach diesen ›Unbegreiflichen‹ rasen,
wenn wir doch auch klagen nach dem reiflichen ›Grasen‹!
Denn die Jahre, die mit Frauen stramm vergehen,
ließen sie uns *nicht*, trotz manchem Gram, verstehen,
bleibt die Antwort auf: *wie Fraun beschaffen?* lau –
wurden *wir nicht*, wir, die ›nackten Affen‹, schlau,
bleibt der Männer Kenntnis, hier auf Erden, schwach,
und es endet fruchtlos der Beschwerden Ach!«

V. Tüfteleien

Philosophische Kaugummis

A: Bitt' dich sehr, so schreibe doch nicht wieder
Fragen, die ganz *ohne Gewicht* nieder!
B: Doch, da wäre dieses *Nichts* ja wieder,
welches drückt voll des Gewichts ja nieder.
Wo den Mut denn, voll des Lichts, nehmen,
wird uns erst voll Tück' das Nichts lähmen?
A: So klink bei klugen Philosophen ein,
die werden dieser Frage offen sein.
B: Was nur soll dies Schauen schon an Güten bringen,
wo darob sie letztlich fruchtlos Brüten gingen.
Sie waren zwar dem Nichts oft ziemlich *dicht* nah:
Doch beim Be-Greifen *da* war es dann *nicht* da!
A: Ja, dieses Nichts, in Leere fast gehüllt,
das haben s' voll Gedankenhast gefüllt;
es bleibt wohl dieses hin zur *Leere* Schweben,
für sie das unzugänglich-schwere Leben …
Das Nichts und auch *Unendlichkeit* schauen:
Lass *Leichtres* uns, sei doch gescheit, kauen!
B: Nicht unbelohnt nur *hinter* Asymptoten lauschen,
mit *jenen*, die das *Leben* voll ausloten, tauschen!
– Als eine derer *handfest*-rauen Fragen,
siehst hoch du doch *das Glück der Frauen* ragen.
»Chimäre ist's!«, so sagen müde Kenner,
mit einer schon verbrauchten Güte Männer …
In uns wird *ewig* dieses Rätsel brennen –
und endlos kurvend, wie ein Brezel, rennen …!

Alles über das – Nichts!

Das *Sein* ist, doch warum ist nicht ein NICHTS-Sein?
Ist's Frage nur des Hirns und des Gesichts? – Nein!
Bist du, ob du das Sein kannst riechen sicher?
Nein, *selbst* wenn du ganz ohne *siechen* Riecher!
Nur Lärm wird wohl zu deinen Ohren schweben,
umsonst hast du das Nichts beschworen eben;
Gebraus & Lärm wird *zu* das Nichts decken,
und dich im Zuge des Gedichts necken.
Das Nichts lässt *nicht* sich mit den Sinnen fassen:
Vergeblich, stumm, da selbst schon Finnen saßen!

Doch ist das Nichts und nicht die Leere out,
ich schwöre dies bei meiner Ehre laut.
Es *gibt* sie, denn wenn beide nicht wären,
wie könnt sich's Denken mit Gewicht nähren?
Die Denker würden mit den Krücken leisen –
dann wohl um nichtigere Lücken kreisen;
uns marternd mit der *Ethik* doch fleißig
(sei Antwort nicht unflätig, doch eisig!),
an aufgewärmten Theoremen schüren,
in ihnen dann, ganz ohne Schämen, rühren;
sie würden gar nach gestrigem Schnee zappen,
selbst nach der ollen *Theodizee* schnappen …

Lasst Leere & das Nichts sie als 'nen Köder riechen,
sonst werden sie nach Themen, die noch öder, kriechen!

So endet, schlapp im Geist und schlicht der Stuss:
In Lesers Augen tröstend sticht der Schluss!

Kant-iges und mehr

Ich habe einstens ihn getroffen, den Sachten,
erkundigend was Philosophen denn trachten?!

– »Man sollt' der Philosophen kennen Namen,
Systeme, die uns diese nennen kamen.
Zuerst da müsste packen uns dem *Kant* sein
Erkenntnisstreben und uns gut bekannt sein!
Erkenntnishungrig sollte man bewegen sich,
auch wenn das *Ding an sich* ganz ohne Segen wich.
Der Dinge Sein wirst *nie* (gar flott!) erkennen,
doch darfst du, hilfreich, einen Gott erflennen!
– Doch tröstlich sei uns, die wir litten sehr,
des Königsbergers edle Sittenlehr'!
Sein *Imperativ* (der *kategorisch* tut!)
macht alles (ja selbst was bös!) notorisch gut!
Es wird ihn *mancher* gar, der rüd', preisen:
Durchs Leben sollt ihr edel, prüd' reisen!
Nicht *jeder* wird im *noblen* Wandern eilen,
die Tugend sollt' beim jeweils *andern* weilen:
Meint einer, *er* sei kein ›kategorischer Fang‹ –
fehlt ihm in der Praxis wohl euphorischer Gang!
Sehr gern zitieren Flegel, die hinken,
routinemäßig *Hegel*, die Flinken,
und werden ohne die Askese »ticken«,
ihr lockres Tun als »*Antithese*« kieken.
Sollt ihnen (trüb!) vor der *Synthese* grauen,
so werden s' nicht der Exegese trauen –
und *Epikur* wohl *auf die coole* schüren …
… daraus gar eine neue Schule küren!«

(für Michael Motal)

Hirnlastigkeit!

Wirst du tief und auch recht lang denken,
sollt's zum Guten sich (sei Dank!) lenken.
Bist du aber der Gedanken *blank*
(schuldest ihnen keinen blanken Dank) –
gilt es ihnen erst die Richtung legen,
dass sie sich zu heller Lichtung regen!
Greif dir nichts von *alten* Themen, lauen:
würden *nicht* des Geistes Lähmen tauen!
Sollt' hervor gar's Thema *Übel* kriechen
(tät' es *nicht* nach Abfallskübel riechen!?),
schick es weg; auch jedes *Sittenmessen*
(weil der Raffgier wir inmitten säßen!),
hörst, postwendend, *alle* höhnen schon,
mit viel Worten im unschönen Hohn:
Denn ihr Sinnen nur nach dem, was *erblich*, streicht
– nie und nimmer hin bis ins *Unsterblich* reicht …

Vergiss, was *vor* die Philosophen *tragen*,
was sie (vom Leben unbetroffen!) sagen,
was dir sie an Gedankenwelten geben
(Maximen drin sie *ohne* Gelten weben!)
Gen *fremden* Geist sich die verbittert wenden,
mit Geist aus *eigenen*, verwittert' Bänden,
pervers an neuen Utopien knetend –
selbst wenn dagegen du auf Knien betend!
Verdräng, was Sinnens »Epheben« leiern,
du sollst dein *eigenes* Leben feiern!
– Lass *nicht* dich *nur* von Denkens Kühle führen:
Zum Leitstern sollst du *auch Gefühle* küren … !

Sokrates und sein Widerpart

Und Fragen wird er wohl *sokratisch* meißeln,
die lässt er dann und ganz schematisch kreiseln:
Sie stechen, gleich Hornissen, den Wicht –
weiß *er* ums *Mangelwissen* denn nicht?!
Dies nistet auf porösem Boden,
meint Sokrates, voll bösem Roden,
wird Wissen, recht zerschlissen, wittern
und ortet Im-Unwissen-Schlittern!
Statt *Wahrheit* gäb' es *leere* Weiten:
Ein solches Leben wäre Leiden! –
(Warum blieb Sokrates denn nicht bloß ein Steinmetz,
uns quälend gern mit Fragen, die gemein stets?
Statt marmorne Blöcke, krude, meißeln,
lässt Tück' er im Übermute kreiseln …)

Ein Wort uns tröstlich von der Lippe taut:
Es hallt der Name der *Xanthippe* laut!
Wo wir nach Freude und Erlösen beben,
da leidet sie an einem bösen Leben.
Ihr Mann übt täglich sich im hehr' Schwätzen,
sie musst' mit Söhnen (seinen!) schwer hetzen.
– Er wollt' beim Helfen kneifen da eben:
Doch steht sie jetzt mit Keifen daneben,
so werden schmerzensvoll die Schallwellen
den Jüngern hin ('s bleibt keine Wahl) schellen
und haften Schülern an, dem Meister – klatsch! –
wie eines Superklebers Kleistermatsch …!
– Hinweg noch über Zeitenläufte (hässlich)
scheint deren Zorn (der so gehäufte) lässlich!
– Doch bracht', weil nicht ja ihre Lippe dicht,
in Sache S. uns die Xanthippe Licht!

Wider den Nützlichkeitstick

Erde, schaufelnd, so *Maulwürfe* schütten
und im Felde voll Ge*schürfe* wüten …
Denker doch mit *Geistes*schärfen wüten,
dumpf *nie* Erde nur im Werfen schütten,
wenn sie auch in dunkle Stollen schauen,
wo Ideen sich, die verschollen, stauen,
denen gern sie neues Leben geben,
und danach von diesem Geben leben.
Fremdes Denken sie »einschmelzend« stehen,
welches sie zugleich, hoch stelzend, schmähen.
Denn nicht Logik tat ja dort zumeist gären –
ordnen mussten sie den Wust, drin *Geist mehren*,
schenkend dem obskuren Dunkel Farben:
Jetzt wird's nicht, dank Neu-Gefunkel, »darben«!

Doch ist *auch* ein »Wiederverbesserer«
nichts als bloß ein »Bieder-Verwässerer«:
Wird ja jeder seiner Sort' zu Fetzen
reißen andre, statt sie *fortzusetzen:*
Statt dass *drüber raus* sie sinnend spähen,
kannst sie nur *im Bislang* spinnend sehen!
Zögernd suchen Philosophen Hebel,
schwingen weiter ohne Hoffen Säbel,
mit denen sie *im Alten* lange stöchern –
und Neues nicht mit dieser »Stange« löchern …

… Solch Denken, ohne Zweck (?), einengen,
es barsch ins Nutzloseck einzwängen …?
Muss *immer* man ein »*Nützlich*«-Ziel spüren –
es sollt' doch auch ein *hohes Spiel* zieren!?

Philosophische Lektion

Der Lehrer kündet an noch dreierlei,
den Schülern bleibt es nur die »Leier drei«:

Die *Disziplin*, so meint er, sei so ein Punkt,
den muntren Schülern wieder neue Pein unkt:
Sie sollten pflegen *Stille*, »diese Zecken«,
und *Ruhe* sich zum Ziele diese stecken;
sie sollten logisch (voll im Bohren) ringen,
mit dem, was jener wird zu Ohren bringen.
Wenn ihnen grad auch süße Triebe lachten,
gilt's trotzdem nach der *Weisheits*liebe trachten:
Denn *Amors Liebe* ist vergänglich im Leben,
und *sie* war *nie* uns je hinlänglich im Geben,
und wird nur launisch durch die Raumzeiten
ganz ohne jeden Halt und Zaum reiten,
wird *nie* sich treu und wirklich feste binden –
selbst wenn wir dieses als das Beste finden!
Statt dass wir trüb durchwühlen unser Kissen,
verankern wir (im Kühlen) unser *Wissen*,
vermittelt uns von Geisteslenkern schlau,
die nicht wie wir durchs Leben schlenkern lau!
Gut werden sie durch Lebens Brandung leiten,
sich tröstlich selbst der letzten Landung breiten …

Doch niemand wollte kosten Lehrers »Perle«,
verließen früh »den Posten« Lehrers Kerle –
und wollten wohl in andre Räume treten,
wo sie auch gleich verbotne Träume retten …
– Der Lehrer wird von seiner Rede lange zehren,
denn Schweigen tat zu Haus ihm seine »Zange« lehren …

Kleines Grüppchen grübelnder Grafen

Graf Kleckso, was nur hast mit Tinte du vor?,
was brütest aus denn, welche Finte, du Tor?
Ich sehe hier dich das Papier schmücken,
indem du lässt den Tintenpinsel reisen,
und *ich* soll mich zu dem Geschmier bücken
und die bizarre Tinteninsel preisen?!
Kaum dass ich hab': Sie ist ein Moppel! gedacht,
hast faltend du den Fleck zum Doppel gemacht!
Ganz *ohne Farb'* soll's Werk der Finger darben,
ja hätten bloß die Doppeldinger Farben!
Doch gälte es zur Deutung schon lang streben,
der Formen, die aus einendem Strang leben?
Erklär es du, *Graf Steno,* voll Kürze walt,
nur scheint mir, *dir* bleibt geistige Würze kalt …
Nein! *Dich* trifft hier, in unsrer Stube, *Graf Porno,*
vorweg ein (bist perfider Bube, Graf!) Storno.
Die Sicht von dir wär' *kaum* betreff Benehm' richtig,
und deine Worte wohl für unsren *Rehm** nichtig.
Den Armen drückte gar ein Würgen jäh:
Vermeiden wir beim braven *Jürgen* Weh!
Man schick ihm nichts an lockren Zeilen, wirren:
Muss doch auf Bochums »*Schüttelbohnen*« er schauen,
dass Leser dran sich unter Schonen erbauen,
sein Heft nur Texte zum Verweilen zieren …!
– Was würf' wohl unser »*Schüttelbohnen*«-Vater ein?
»Solch Schreibe wäre *nur* fürs *Stadttheater* fein.
Denn *dort* tat schon so manch Obszönes schimmern,
doch sollten Schüttelreimer *Schönes* zimmern …«

(*Jürgen Rehm: Hsg. der »*Bochumer Schüttelbohnen*«,
neuerdings unbenannt in »*Die Sprachspieler*«)

Vergebliches Donnerwetter

Bei tropisch-heißem Hitzewetter
bloß kärglich-müde Witze hätt' er,
wird Leere jede Hirnzelle führen,
die reichlich sonst ja Einfälle zieren,
die Worte, locker tänzelnd, wandelt,
mit ihnen gar scharwenzelnd tandelt!
Heut herrscht im Geistverschub ein Hemmen,
gibt's statt Ideenhub –: ein Schämen …!

Bloß: *wie* die toten Schwärzen heben,
die drückend ihm im Herzen schweben,
die zäh in Hirnes Reigen tasten,
als gält' dort trägen Teigen Rasten –
als würde Ether auf die Truppe lauern,
dass Hirnes Zellen in Zeitlupe trauern …?

Wohl hofft man, dass der Mann verlegen weicht,
doch der behauptet, 's scheint verwegen, leicht:
»Ja, wenn dann *erste Blitze* wettern,
ans Ohr die Donner sprengend dringen,
und Blitze zuckend-drängend springen,
dann werden *sicher* Witze blättern …«

*

Doch bleibt es wohl des tauben Kopfes Traum,
man glaubt dem Worte dieses Tropfes kaum!
Geist werden dem nicht Blitze kreißen –
das kann nur Geist (der klitze!) preisen!

Seniles Gelaber

Wohl stimmt's, dass gerne *Gäule* ackern,
doch nie wird eine *Eule* gackern;
ja üblich ist es, dass die *Hasen* hoppen,
nur werden *nie* sie nach den Hosen happen!
Den *Regenwurm* wird niemals Sturm wecken,
bleibt in der Erde er als Wurm stecken.
Es ist von eines Bettes *Wanze* klar:
Nimmt keiner diese gar mit Glanze wahr!
Wird jemand *Küchenschaben* lieben,
die munter sich, zwecks Laben, schieben?
Sind nie auch *Silberfische* teuer,
es herrscht, wenn *die* am Tische, Feuer!
Dafür gibt's hier ja *Krokodile* nicht:
Die siedeln etwa fern am Nile dicht.
Wenn's hieß' bei Tieren: wen retten?,
dann wär' dabei das *Ren* – wetten?
Was blinzelt dort, nicht müde, der *Geier*:
Es hätt' ja Speckes Güte der Meier!
Ein Blick, wo Meier bebend litte –
doch noch ist dieser lebend, bitte!
Gern werden emsig *Ameisenbären*
's Gewicht durch Ameisenbeißen mehren.
Belastet nicht doch all die *Affen* schwer,
wie's Leben *als* ein *Mensch* zu schaffen wär'!?
Als Äffchen können sie den *Frieden* wagen,
beim Menschen würde man nur: *wie denn*? fragen!

Warum denn dieser Aff' am Ast nur heult? –
»Ins Unglück stets der Mensch voll Hast nur eilt!«

Nur Reime schmieden, ist zu wenig!

»Ein Gedicht auch *ohne* Thema schreiben,
solches musst nach altem Schema treiben:
Selbst wenn's Hirn gleicht einem blanken Dock,
forsch, ob *da* nicht ein Gedankenblock,
ob nicht milde dort als Gnom tätig
des Gedankens Sub-Atom gnädig?
Findest was gar (ja es stimmt!) glosen,
tatest da auf was, das glimmt, stoßen,
so ermuntre es beim Tingeln züchtig,
hätschle es durch ein Umzingeln tüchtig,
dass Gedanken voll im Segen wehen:
Ist's nicht schön, sie im Bewegen sehen,
wenn sich hoch im Hirne Wellen heben,
und Ideen sich, die erhellen, weben!?

*Reimes Zwänge Neugedanken wecken,
gnädig zu selbst Inhalts Wanken decken.
Verse bannen uns (das ist gar fein die Norm!) –
nicht der Inhalt ist's, der uns packt: nein, die Form!
Unsinn darfst in Reime voller Wagen kleiden –
und dich, lachend dann, an Vielfach-Klagen weiden!
Vergebens bittet ihr: Geschüttel meide!,
da 's schal entsprossen einem Scheitel müde!«*

*

*Solches Reimen wird doch bloß zum Bumerang,
hofft der Irre oben auch auf Ruhm er bang!
Keiner will von diesem einen Reim hören,
schüttelnd darf er bald (dement!) im Heim »röhren«!*

Nicht jede Eva taugt als Muse …

… so herrscht er an die Musen barsch:

»Zeigt *mehr* von eurem Busen, marsch!
Kann mehr dann von Hormonen zehren,
die sich dank draller Zonen mehren.
Lasst endlich fehlen eure Hülle
und nicht verhehlen eure Fülle:
Dass *nicht* sich Hirnes Brachen weiten,
soll Geist sich im Erwachen breiten,
dass flink Ideen laufen traut –
und glucksend füllen Traufen laut …

*

Blieb einst mein Tag an *Musen blanko*,
da nahm ich die mit ›Blusen-Manko‹,
tat auf mir gleich dann dieses ›Model‹ tischen,
wollt' Farb' ins Sinnen mir als Todel mischen.
Als blank sie dann, die ›Muse‹ schmächtig,
bracht *dies* kein Geistgeschmuse mächtig,
die Feder tat sich voll Getrenz ekeln
und ohne jede Schreibpotenz räkeln. –
Das Model tat ich (dürr war's wie ein Stiel!) feuern,
es (!) konnte bei als ›Muse‹ ja nicht viel steuern!«

Verbohrter Schüttelfeind

»Ich muss dich wieder rüttelnd schauen,
in Versen öd dich schüttelnd, rauen,
die dunkel sich verschleimen recht,
zu arg gequälten Reimen schlecht,
wo tauschen Konsonanten Plätze,
sich ordnend zum >geplanten Netze<
(du hast auch schon Vokale genommen,
die wandernd ins Finale gekommen):
>Die Verse schenken<, meinst, >der Welt Farben<,
wofür die deinen (wem's gefällt?!) warben?

Lässt Welt sich (*bloß*, weil was *gereimt*?!) fassen,
wogegen wir, weil's abgefeimt, rasen:
Vergeblich tat sich auch schon Prosa ranken
und Aphorismen gar aus rosa Pranken ...
Auch Denker kannten, geistesreich, kein Leiden
und wollten gern die Welt ganz neu einkleiden,
voll Optimismus glänzte ihre nette Sicht,
doch passten alle ihre Geistkorsette nicht!
Wie trüb auch manches an Romanen, Gedichten! –
Man sollt' da keinen gar noch mahnen: Geh dichten!

Doch fließt gar Schüttel-*Tick* aus *deiner* Feder just,
worauf des Lesers Ärger (wohl ein jeder!) fußt.
Reihum man schon ob deiner Feder jault,
weil Öde draus, so sagt ein jeder, *fault*?
Sollst *dich* nicht weiter unter Schütteln knicken,
sonst werden aus dem Sack wir Knütteln schicken,
die wandeln dir die Stub' zur >Knüttel-Scholle< –
und ziert dich eilends eine >Schüttelknolle<« ...

Die grauen Hektiker

Sagt die Laune seiner grauen Rinden:
Verse gilt's, doch keine rauen, gründen!,
sorgt ein Reimer sich schon früh am Morgen schr,
stöbernd hinter krauser Stirn im Fache sehr …
hat er denn sonst *wirklich* keine Sorgen mehr!?
Doch es regt sich nichts – ist diese Sache fair?! –,
breitet dämmernd sich da nur ein Land, das tot,
Leere ortet auch und tauben Tand das Lot.
Wär' doch schön, wenn dort ein Funkeln dicht,
Denken (helles!) bald im Dunkeln ficht –
doch es scheinen die Synapsen tot,
melden, statt 'nem muntren Tapsen, Not.
Dort, wo sonst die Neurotransmitter wachen,
lässt sich heut wohl *kein* Geistgewitter machen!

Doch das Hirn bringt da mit Güte zur Meldung,
wenn auch stolpernd und recht müde zur Geltung:
Raff dich auf zu duftender Kaffeetasse –
oder, kundiger, vom schwarzen Tee fasse!
's bringt die Ganglien auf Trab, die ganzen,
auferstehend aus dem Grab, die tanzen,
gießend auf die Kritisch-Läuse Hohn,
spendet bald schon 's Denkgehäuse Lohn:
Graue Zellen nun als Streiter weben,
die von Zeil' zu Zeil' gar weiterstreben,
dass sie hinter Wäldern (bergisch) zwacken
Missgunsts Päpstlein, den s' (weil zwergisch!) packen,
dessen Blick durch die verzerrend' Brille sticht –
Zeit wohl, dass man seine satte Stille bricht!

Der Ex-cathedra-Mann

»Doch warum soll ich, ein *lichtes* Wesen,
Texte dieses *Leicht*gewichtes Lesen?
Werde über *eine* Zeile irren –
Pixners Schreibe? – Soll da *Eile* zieren!
Frisch der Text?! – es wird ein Blick den streichen,
und umfangen rasch ein Strick den Bleichen,
denn ich hoffe, dass schon Rettung im Keime:
Schlecht wird sein wohl die Verkettung im Reime!
Hoch werd' *ich* ihm meine Latte machen –
plumpst er hin dann auf die Matte lachen!
Die Kritik wird pfefferwürzend stehen,
Zetern! – wird von ihm bald stürzend wehen …

Falsches nicht scheint da sein Reim zu verheißen,
gilt es ihn so ganz *geheim* zu verreißen!
Schelm der dabei, dies sei Mieses!, gedacht,
sage gleich euch, wie man dieses gemacht:
Gutes muss nur stets *ausklammern* die Jagd,
(öd die Muse, wenn voll Jammern, die klagt!),
bleib an *einem Wort* (nicht *von Belang*!) kleben,
davon muss der Tücke Übelklang leben,
niemals darfst auf läst'gen Autors *Themen* blicken –
sollte drin was gar an Neuproblemen ticken?!
Lass dich *nie* vom *Witze* dieses Ödmanns blenden:
Sei *Formalge*mäkel flachen Blödmanns Enden!
Niemand wird (dank *mir*!) sein Buch erwerben,
könnte bloß den Schüttelschund wer erben …
Ich bin ERSTER stets im *Schüttel-ZK* ja doch –
und auf *ewig* gar und *selbsternannt* da ja Koch!
Trommelnd meine Fäuste auf der Brust landen,
Vorurteil: wie *herrlich* lässt's die Lust branden!«

Die Form allein zündet nicht!

Wenn du schon vom vielen Hicksen müde,
Schüttelreime dich zu mixen hüte!
Wenn Ideen schwankend dörren,
dann sollst NEIN! du dankend schwören,
da sollst *ein* dir, wenn du nüchtern, schärfen,
dass so Reime, selbst wenn schüchtern, nerven!
– Verletzst du schon der Reime Gesetz schwer,
wie stört erst dein so leeres Geschwätz sehr!
Am *Geist* da müsst' dein Thema reiben,
wirst's sonst wie Tante Emma treiben:
Die siehst du Waren legen voller Hast,
statt je Gedanken hegen voller Last:
sie treten *nie* doch *in* ihr Innensein,
ins Leben *tief* mit allen Sinnen ein!

Bist heute der Gedanken blank,
verweigern sie, die blanken, Dank,
dann sollst stattdes nicht Worte heben,
die weder Freud' noch Werte hoben,
und nicht nur schüttelnd Worte drehen,
weil Zeilen (ohne Werte!) drohen,
die gar nur auf ein *Vielfach*-Geschüttel bauen,
worauf bloß, altersstarr, Schüttelbüttel schauen!
Kannst dort nur Lob zur *Form* vernehmen,
weil die, was *außer Norm*, verfemen.
Du darfst entlang nur *ihren* Gang streben,
sonst werden s', mäkelnd, dir den Strang geben …!

PS: *(Liest etwa Verse von des Schüttelns Päpstlein
    – so bin ich sicher, dass du da erlebst Pein …!)*

Wasser gepredigt!

Von blinder Wut und Hass versengt die stritten
und fanden bald schon »angestrengt« die Sitten
und säten manchem »Sprachunkraut« den Samen!
– Warum in Worten sie, versaut, denn kramen?,
wieso kommt drin nur ewig Stoffwechsel dran,
woher stammt all ihr übler Wortdrechselwahn?

– »Den Mund, den haltet, der im Stänkerhube!,
sonst wettre ich aus Geistes ›Henkerstube‹ –
denn gegen Zoten, die aus eurem Stänkerhirn,
verwehrt sich, Gift da spritzend, unsre ›Henkerstirn‹.
Wir sollten euch ganz neue Themen schenken,
die lassen nicht in alten Schemen denken.

Auch sollt' ihr nicht nur alles ›grindig‹ finden,
was *friedlich* eint – das sollt ihr findig gründen!
Wenn's zäh auch steigt, als wie mit Förderwinden,
müsst doch ihr auch mal *nette* Wörter finden …
… und wehe, 's fängt schon wieder ein Ekelmann,
erneut, aufschaukelnd, nur mit Gemäkel an!

Denn *schönen Seelen* dienen *smarte* Zeilen,
da würden, glaub' ich, selbst Unzarte smilen.
Und *bald* hätt' gar *Brigittes Gedicht-Wort*
bei euch, ihr Bande, großes Gewicht dort!

– Doch tschüss, ich muss, was gern wir an der Ruhr täten,
mit meinem fiesen Nachbarn noch Fraktur reden!
– Bediene mich, mag sein, dann *eurer* Wortewahl,
denn dort tut, keck, der Blick aus eurer *Warte* wohl!«

VI. Chemie, du Feine!

Als erstes Gedicht nachstehend ein Lobgesang auf die (organisch-)chemische Synhesekunst

Zum Geleit: *Von der so reizvollen organisch-synthetischen Experimentierkunst, bei der es immer wieder Neues zu beobachten und zu erfahren gibt, kündet das folgende Schüttelreimgedicht, in dem Grundoperationen und typische Synthesewege dieser so genannten* »präparativen Chemie« *beschrieben werden. Nicht nur Kunst- und Farbstoffe, technische Hilfsstoffe, auch Arzneimittel feiern auf diese Weise ihre Geburt – selbst das Aspirin gegen Ihre Kopfschmerzen nach der Lektüre des folgenden, ellenlangen* »Anschlages auf die geistige Gesundheit« ... *Vielleicht noch eine kleine Anmerkung:*

Bei den im Folgenden bei Synthesereaktionen verwendeten Ausdrücken wie »Wurtz-Fittig«, »Sandmeyer«, »Friedel-Crafts« ... *handelt es sich um so genannte* »Namensreaktionen«, *die für den Sachkundigen die experimentellen Bedingungen der betreffenden Synthesereaktionen umreißen: die Verbindungsklassen, die dabei umgesetzt werden, die Reagenzien, spezielle Katalysator- und Lösemittelwahl, die Temperatur der Reaktionsführung. Damit entfällt die mühevolle Aufzählung der jeweiligen Reaktionsbedingungen, wie dies auch in sinngemäßer Kürzelform etwa bei den Figuren im Eiskunstlauf gehandhabt wird oder bei Spielzügen im Schach. – In der im Text angesprochenen Rosensteingasse in Wien-Hernals befindet sich auf Nummer 79 die* »Höhere Bundeslehr- und Versuchsanstalt für Chemische Industrie«.

Chemie, du Feine!

Hast du Mumm, o Wandrer, so besuch mal Hernals:
Nächtens nicht!, da üben sich nach träge-lahmen Tagen
nur Signalrot-Ladys in den leichten Damenlagen,
da umflattern dich Vampire – dienst als Nährhals!
Besser kommst bei Vorstadts Sonne lichter Schein:
Wetten, dass dir manches linder, leichter schien?
Zahm das Viertel, lieblich die *Rue Rosenstein* –
in die sollst mit Nasenklemme stoßen rein!

Ruchumwölkt steht dort ein Haus, wird Wissbegier wecken:
eine Ewig-Baustell'! – rein da treten wir Gecken!
Eilen Treppen rauf, geführt vom »Witterzinken«,
trotz der Beine ahnungsvollem Zitter-Winken ...
Ja, sie ist's: *Pandorens Tür*! Hat hier die Stelle g'winkt,
hinter der – so scheint's – still wallend eine Quelle stinkt?!
»*Präparatives Labor*« – Euphemie, die *keine*:
pflegt man doch dort *Organische Chemie*, die Feine!

Nicht Eulen, Spinnennetze, nur ein Typ drin: *Glücksmann*,
umringt von der *Adepten* Schar als dem »Gemix-Klan«.
Am Kopf wohl keine jener Alchimistenkappen,
auch lungern nicht, voll Staub, Retorten, Kisten, Mappen ...
Jetzt hörst ihn grad zum x-ten Mal aufwändig stärken
der Schüler Wissen, die lax (wenn auch ständig) werken.
So lauscht, was wandernd fließt vom Alchimie-Deszendenten
als Ezzesbotschaft an die Schüler (da grad den zehnten):

– Vorsicht, Karl, so brich nicht *auf* die Phiole drei,
setzt ja sonst die pestilenten *Thiole* frei!
– 's scheint, du werkelst allzu *frei* nach *Wurtz-Fittig*:
der Geruch, der sagt es, fies und furzwütig!

– Halt! Es kriecht der Dampf von *Ether* nach der Flamme:
Brennst gleich ab! – Zu spät! Jetzt flehst du nach der Amme!
Schlimm ist's nicht, das Flämmchen blau, es wird wegfluschen;
die Laborantin bloß linst, ob's den Fleck wuschen!

– Halt ein, um *Liebigs* Willen! – sein darfst gar *nie acid*,
wenn du da *substituierst* mit einem *Cyanid*!
– Geduldig musst du testen, du mein Bester, ringen:
es lässt der Stoff in *Lösung* sich mit *Ester bringen*!
– Ein *Rohprodukt* ist's erst: was soll's mit der wirren Sicht –
es heißt jetzt Reinigen: *Umkristallisieren*!, Wicht:
Erst *dann* soll *er* (der ein nur schlaffer Jammerkragen!)
den Stoff halt über das *Chromatogramm* er jagen!

– Dir ist die *Ausbeute* beim *Sulfonieren* matt?!
Arbeit halt besser auf, wenn mein Monieren fad!
– Unterheizen, Helga: so wirst 's *Elektrophil* drängen,
deinen *Aromaten* anzugreifen aus »Drill-Fängen«!
– Mit *Chromat*, ein alter Hut, da oxidiere stur –
ohne *Heizen* bleibt es, mein Sepp, bloß eine stiere Tour!
Kannst erfolgreich nur das *Cyclohexanon* formen,
so du im *pH* nicht wieder jenseits von Normen!

– Mit dem *Azofarbstoff* willst du Zia dotieren?
Unter Kühlung musst's *Amin* erst *diazotieren*,
flink die Lösung rein von *Naphtholaten* schütten:
Diazoniumsalze sonst ja Schaden litten!
Poppig rot, so wird der *Azokörper* wohl in Bälde fallen,
gut filtrierbar dann *sich*, was ja dringend dir da fehlte, *ballen*.
Tunkst in dessen Lösung dann, o Elli, Wollfäden,
werden sie mit Farbe auf das Schönste voll – wetten?!

– *Malachitgrün*? Erst ist's farblos: flink und ohne großes Müh'n
oxidiert es Sauerstoff zu eines dunklen Mooses Grün.
– *Halogeneintritt*? Am besten wohl nach *Sandmeyer*:
doch der *Kupferkat* ist empfindlich – ermahnt sei er!
Weil's so ist, kipp, Gerhard, rein in Bälde *Kat.*,
schütz den *Kolben* gut mit einem *Kältebad*!
– *Brombenzols*, auch Ethers Feuchte würd' *Grignard* hemmen:
Tat grad wider dies ja schon ein langes Jahr hämen!

– Schluss jetzt, Hans, mit allen spritzenden Ether-Späßen:
du bewachst die Reaktion und gehst *später* essen!
– Reinhart! Nur *kein Iodidtausch nach Finkel(n)stein*:
uns umweht sonst wieder ein Gestinkel fein!
– 's *Lösemitteleindampfen* nervt? – Sei wieder leise:
jener *Rotavapor* schafft dies auch literweise!
(Um das Schülermaulen drob er leider wisse!)
Schau doch, Herbert, emsig ist s' und weiter: Liese!

– Musst auf*heizen*, Riki, mit dem *Zinnstaub* zäh du rühren,
soll vollständig dir gelingen solches *Reduzieren*!
– Giftig sind die *Lösemittel*! Schaut wie dürr i bin:
liegen kann es an *Benzol*, auch »*Tetra*«, *Pyridin*?!
– Ratlos bist, wie's nur ein Geistesmatter kann?
Bücher schau: den *Vogel, Kempter, Gattermann*!
– Finstre Brühe! – *Trimyristin* durch *Muskat-Extraktion*?
Konrad, was bei dir da läuft, ist die reinste Drecksaktion!

– Ob's ein *Keton* wohl ist? – Ein Spektrum sagt's: *Ketonbanden*!
Ist dies zu fade dir, dein Köpfchen zeigt Betonkanten?!
– *Destillieren*? – *Siedesteinchen* nimm! Zischt eilig, wüst
sonst das Rohprodukt dir über, was langweilig ist!

– Wird das *Aufarbeiten* dich an der Nas', Ass, führen,
solltest, ausschüttelnd, gar dich *in der Phas' irren*!
– *Nitrophenole?* Die sind schwarz und mies, o Ehren:
Wasserdampf, der trennt dir die beiden *Isomeren:*

Gelb wird's *ortho-Derivat* im *Destillat* fallen
(spar dir bloß, blasiert, dein: Es-ist-mir-zu-fad-Lallen!) –
musst den *Rückstand* mit *Aktivkohle* heiß entfärben,
Kohle filtern, dass des *Emil Fischers* Kunst fänd' Erben:
Nimm den *Heißwassertrichter*, sonst wird sich's *Filter* kühlen:
Bald wird *das para-Derivat 's Filtrat dann*, kühlt er, füllen!
– Thomas, ohne *Schutzbrille* zählst als Nacktflitzer:
Sitten wären's, wie sie (*nur* am Strand!) flaggt Nizza!

– Beim *Wasserabscheider* willst auf Erfolg voll zielen?
Als erstes musst ihn bis zum Knie mit Benzol füllen.
Im Kolben leg *Edukte* vor, auch *Sulfonsäure;*
per *Heizpilz* oder *Ölbad* unter, mein Sohn, feure!
Nach Umsatz mehrt das Wasser sich im Stutzen nicht:
Ins Aug, mein Walter, Apparates Nutzen sticht!
– Ein Chef bist, Christl, nur acht aufs *Protokollführen:*
Ich werd's nur »gut‹, wenn es an Daten voll, küren!

– Hört weg bei Theo – eine derbe Zote rief er!
Bloß weil die *Ausbeut'* wieder nur marode Ziffer!?
Er wird die *Zweitfraktion*, ohne Qual, Rügen
(mit gutem *Schmelzpunkt!*) bald in seiner Krall' wiegen:
Die *Mutterlauge eingeengt*, zum *Impfen* schreiten –
Attacken wilde, nicht nur voll im Schimpfen reiten!
Ernst wenden zu die Augen (trüb sind s'!) bang sich den Laugen!
Nach *Trocknung* zeigen diese Laugen blank sich den Augen!

–Robert, was empfiehlt die *Schmelzpunktsdepression* als Rat?
Einen *Reinigungsschritt*: sonst folgt Repression als Tat!
Kannst dein Produkt hier *auftrennend* im Saale säubern,
lässt du's gelöst über eine *Trennsäule* sabbern.
Spute dich – es gilt mit *Laufmittel* sehr laufen,
wird sich sonst der Säule *Füllung* ja leersaufen:
minderst so durch deinen altbekannten Renn-Defekt,
trockenlaufend, bestgepackter Säulen *Trenneffekt*!

– Für den *Ansatz* brauchst der Reagenzien *Molzahlen*:
merkt euch's – werd's auf diese Tafel hier, groß in Zoll, malen.
– Was nur willst mit *Anilin*, o Franz, bei der *Waage*, sprich!,
du, dem – *ohne Gummihandschuhe!* – jetzt die Sprache wich!
Erst die *Dichten* schauen!, dann *Mensuren* füllen,
Anilin in Kolben *ohne* Suhlen führen.
– *Racemate* willst du *spalten*? – *Noe's Reagenz* meist
trennt sie auf – so man das Teure hat und statt Demenz Geist!

– Der *Hahn verbacken* deiner *Manometerflasche*?
Zur unsrer Judith eil mit der »Da-fleht-er-Masche«!
Sie wird den Schliff dann (ohne Gehärme-Weilen –
den *Kern* von *Hülse* trennend) per Wärme heilen!
– Hier muss ein *Trockenrohr* als Wasserhasser walten
und beim *Friedel-Crafts* zurück alles Wasser halten:
Würd' *Aluminiumchlorids Hydrolyse* mehren –
tät rein sich, ohne Sperre, Feuchtigkeit miese leeren!

– Rudolf, hör doch zu, an meine Rede mit dem Ohr klett an:
Arbeit jetzt als Lösemittel *auf* mir dies *Dichlorethan*.
Darfst's nicht direkt *destillieren*, nicht ins Garn tappen:
Sicher ist *Salzsäure* drin ganz wie unter »Tarnkappen«.

Einen Tipp gib: *Wie* nur kannst die Störung auskritzeln?!
Sodalösung! – und, ausschüttelnd, Säure rauskitzeln!
's *Solvens* destillieren über die *Kolonne* oben,
tropfenweis: sonst bleibt es unrein – und du ohne Loben!

Rein fällt's an bei *hohem Rücklaufverhältnis* bestimmt:
bist dann *nicht* (wenn's übergeht ins Behältnis) verstimmt!
– Teerig zeigt sich's *Iodanilin*? … Wofür wär' i? – Tat!
Mit *Acetanhydrid* bild's *Acetylderivat*!
Dank der *Schutzgrupp'* wirst du's als stabil finden,
's bleibt dann weiß – und wird vom Frust gar viel binden.
– *Ethanolat*-Bereitung? Kluger Vorsicht klinge 's Hohelied:
Sei absolut der Alkohol! Vor *Wasserstoffes* Lohe hüt!

Vom *Natrium* da musst *Oxidkrusten* peelen –
im Ethanol sie sich unter Prusten killen … !
– Wie Fritz sich freut: Nach vielen Arbeitszyklen
hätt' er roh / zum *Hochvakuumsublimieren Heterocyclen*!
– Pass auf!, ideenreich, gewieft Dieter B.:
Was dir noch fehlt ist der Geduld Bittertee!
– *Nitrieren*! … dieses macht man *kühlend* unter Rühren!
's hat *vierzig Grad*! – mit Eis und Salz musst *runter* irren!

Wie Sirenenton, so klingt der letzte Satz und hallt wieder –
doch umsonst sind alle hier der Reaktion, die wallt, Hüter:
Schon verlässt das *Kolbengemisch* voll Hassgegleiße,
das beengend-dumpfe, dreihälsig' Glasgehäuse,
zischt vorbei schon, wutbrodelnd, ohne Tändelweilen,
Wärmeverlust, an *Dimrothkühlers* Wendelteilen,
Richtung findend im Kühlerrohr als Kanonenlauf,
eilt ihn (mächtige Stoßeskraft wird es lohnen!) 'nauf!

Verdächtig verdichtet drin sich manisches Gurren,

und tobt, schlapp gedämpft, schon ein vulkanisches Murren.
Der Kühler schafft es nicht (gehört ja zum Ärar gar!),
kann *mehr* nicht *leisten*, da beim Staat ein solches gar rar!
Mit Wucht und Wut gibt sich der Dämpfe Überborden:
sie wabern schon im Abzug braunrot, vulkangewölkt.
(So zittre nicht: man reicht hier keine Bibberorden!,
was soll denn nur dein Bleichgesicht, wie vom Wahn gekälkt?!)

Der Abzug, da »beamtet«, ist – sein Name Lug! – zahm!,
er keucht asthmatisch bloß bei diesen Gasen, zuglahm!
In Wogen brechen sie aus Engen nach draußen:
all diese Giftesschwaden drängen nach außen!
(*Un-*)Glücksmann bellt noch was von so *nitrosen Gasen*,
die fänden, zornesschnaubend, ihre Gossen, Trassen …
– Wir wollen wirklich nicht in so ›'ne Goss‹ schlittern,
die bös uns bände gar wie hinter Schloss, Gittern …

Wir möchten länger nicht die Schrecken teilen;
es heißt jetzt weg und rasch manch Strecken eilen!
Aus dem Labor, dem ach so stygischen ab, eile!,
aus Hades Stockwerk dich, dem tückischen, abseile!
Zwei Stiegen flugs hinab in hechelndem Laufen,
vorbei an wissend' Schüler lächelndem Haufen!
– Die Organik!, feixen kühl die Kenntnisreichen.
Dich hört wirr man: Aus-wohl-mit-der-Rent'n-is'! keuchen!,

dich rettend, ebner Erd', zur Salmonellen-Stätte,
wohin sie ließen weiße Sessel stellen, nette …
In Ordnung ist dein Corpus!, wie du prüfst leise:
Nimm Platz und, dass du um dein Leben liefst, preise!
Bald driftest ab, um kühlere Gedanken zu reiten,
versuchst des grad erlebten Schicksals Ranken zu deuten:
Der Mann im Labor war *nicht* im »Krawatten-Griff«! –

auf *diesen* Chaoten musst' ich just g'raten – vif?!

Wie du (weil ohne Kraft ja) willst a wengel* essen,
da setzt zu dir sich (blond und nett) ein Engelwesen;
und Mut fasst du und fragst, ob die Gedanken richtig,
die sich um diesen Wildfrisierten ranken tüchtig!?
»Zusammenhang«, orakelt sie, »am Rand b'steht er!«
Blickst rätselnd ihr ins sanfte, heitre Augenblau:
Wie trotzt sie diesem heißen »Säure-Laugen-Bau«?
– und folgerst scharf: das ging', falls *sie* hieß': *Brandstetter!*

(* *wienerisch: ein wenig*)

Widmung

(Meinen Kolleg(inn)en gewidmet – und nicht zuletzt: Christian Noe, Christine Weikowitsch, Dieter Binder, Eleonore Lickl, Elisabeth Ganglberger, Franz Binder, Fritz Sauter, Hannelore Brandstetter, Gerhard Reitsamer, Hans Andres, Helga Michlmayr, Herbert Stachelberger, Herbert Wutzel, Karl Maly, Karl Rechthaler, Konrad Zimmermann, Rainhart Berner, Riki Swoboda, Robert Niesner, Rudolf Bürkl, Sepp Fischer, Theodor Witoszynskyj, Thomas Fürnkranz, Walter Hintenaus, Walter Nahlik sowie Judith Schaffenrath).

(der Text »*Chemie, du Feine*« ist dem Band:
»WENN DER IODBAUM BLÜHT – *Anekdoten* & *Amüsantes
zu Naturwissenschaft und Medizin*«
(überarbeitet) entnommen. Er erschien im Verlag
Johannes Heyn, Klagenfurt, ISBN 978-3-7084-0212-3)

Lehrers Mahnung im analytischen Praktikum

»Was bringst du für Manieren drein:
Das ist doch *kein Titrieren** – nein!
Mit Titer die *Büretten* füllen,
die innen voll der fetten Rillen?!
Doch zaubert ein *Chromat-Bad* meist
den Schmutz ja weg, da Chromat »beißt!«
Danach ist die Bürette klar,
die vorher jeder Glätte rar ...«

Der Lehrer mahnt (und riet er tüchtig?),
ob wohl auch »dieser Titer richtig?!«
Darauf wohl schaut ja unser »Wicht« nie:
Sein Titer ist – so frage nicht, wie!
»Den *Titer stellt**, so schau, die Liese fein,
wo du dem Tratsch wirst 's Ohr nur fiese leihn.
Ja, *solchen* Fleiß, den musst du Wicht teilen,
wirst gleich sonst *hier* da im *Gedicht* weilen ... !«

(**Das* Titrieren – *die Maßanalyse – ist eine quantitative chemische
Analyse, bei der einer abgemessenen Menge einer Lösung unbekann-
ten Gehaltes an einem darin zu bestimmenden Bestandteil soviel
an einer Lösung von bekanntem Gehalt an Reagenz zugeben wird,
bis sich der Endpunkt der Reaktion – äquivalente Menge an zu be-
stimmender Komponente und Reagenz – zu erkennen gibt: in sehr
vielen Fällen durch einen Farbumschlag eines vorher hinzugesetzten
Indikators.*
**Den »Titer stellen« bedeutet die Reagenzkonzentration
in der Titrierflüssigkeit zu bestimmen oder zu kontrollieren).*

Gottfried Pixner, Wiener, promovierter Chemiker, Assistenten-jahre an der TU Wien, unterrichtete lange Zeit an einer Höheren Technischen Lehranstalt / Fachhochschule. Fachpublikationen, Rezensionen. – Schreibt *Aphorismen, Sprüche, Epigramme, Anekdoten, Schüttelreimgedichte* und *Limericks.* Mitglied des *Österreichischen Schriftstellerverbandes. Veröffentlichungen* in Zeitungen, Zeitschriften, Kalendern, Sammelbänden sowie im Funk. Zahlreiche *Lesungen* in Cafés, Banken, Schulen, im »Theater le petit« sowie im Tabakmuseum. Von 1981 - 89 war der Autor *Mitherausgeber* von »*Bakschisch* – Zeitschrift für humorvolle und skurrile Texte«.

Buchveröffentlichungen:

»**Und zitterten wie Lespenlaub** – *aphorismen & sprüche*«,
Verlag freier Autoren, 144 Seiten, ISBN 3-88611-185-7

»**Ab geht die Schüttelpost** – *Schüttelreime*«, novum Verlag,
177 Seiten, ISBN 3-902057-48-3

»**Der reinste Limer-Tick** – *Limerick & Cartoons*«,
165 Seiten, mit 72 Cartoons von Daniela Stenzenberger,
Edition Wendepunkt, ISBN 3-938728-48-5

»**Wenn der Iodbaum blüht** – *Anekdoten & Amüsantes zu
Naturwissenschaft und Medizin*«, 160 Seiten, Format 24x16,
Verlag Johannes Heyn, ISBN 978-7084-0212-3

»**Die Venus von Villen-Dorf** – 1000 *aphorismen & sprüche*«,
154 Seiten, erhältlich beim Autor

»**Schüttelwelten** – 100 *Schüttelreimgedichte*«, 130 Seiten, erhält-
lich beim Autor … Zu diesem Band schrieb *Kurt F. Svatek* im LI-
TERARISCHEN ÖSTERREICH: Gottfried Pixner geht es in den
»Schüttelwelten« nicht nur um den Schüttelreim an sich, sondern
er bemüht ihn als Stilmittel, um amüsante Gedichte zu schaffen,
heitere, gallige und solche voll von schwarzem Humor (…) In all
den Gedichten werden kleine Begebenheiten erzählt, wird da und
dort der Zeit, den Institutionen und den von ihnen geprägten Men-
schen ein Spiegel vorgehalten. Dennoch ist der Zeigefinger niemals
erhoben, es dominieren beim Lesen der Humor und das Amüse-
ment (…) Vielleicht lässt schon der Cover, ein ausgesprochener
»Hingucker«, auch manche Unentschlossene zu diesem Buch
greifen. Die Lektüre wird dem Liebhaber von Poesie womöglich
zum Träumen verführen, meint der Autor doch selber:
So ein duftig-reges Träumen: / Schöner ist's als träges Reimen!